練習のムダをなくす

高校野球「時短・効率」革命

ベースボール・マガジン社 編

はじめに

高校野球の練習は、時短の傾向にある。

日本高校野球連盟と朝日新聞社が硬式野球部がある3818校に実施したアンケート調査によると、平日の練習時間が3時間未満の学校の割合は2018年には50・4％だったが、2023年には68・1％まで増えている。「野球だけやっていればいい」という考えは、令和の時代には通用しない。高校生の本分である勉強の時間を確保するためにも、また健康管理のためにも、短時間練習が望まれている。

とはいえ、単に時間を短くすればいいわけではない。野球をやるからには楽しむのはもちろん、勝ちたいし、うまくなりたい。短時間の練習を成果につなげるには、いかに効率を上げるかが大きなテーマになる。

本書では、「時短・効率」練習で成果をあげている6校を紹介する。

宮崎県立高鍋高校（山本一夫監督）、群馬県立太田高校（岡田友希監督）、広島県・私立武田高校（岡嵜雄介監督）、神奈川立相模原高校（佐相眞澄監督）、東京都立小山台高校（福嶋正信監督）、岩手県立盛岡第三高校（伊藤崇監督）。6校は、いずれも県（都）内屈指の進学校である。そして、近年の地方大会でベスト8以上へ進出している。

時短・効率のキーポイントは何か。

限られた時間を有効に使うには、どのようにメニューを組めばいいのか。短時間でうまくなるには、何を意識して練習すればいいのか。練習のムダを省くには、どんな工夫をすればいいのか。

野球だけではなく人生にも通じる指導・育成論から、目からウロコが落ちるようなアイデアまで、6人の名将が惜しげもなく明かしてくれている。

読者のみなさまにも、自分のチームで「時短・効率」の革命を起こしてほしい。本書がそのきっかけになれば、幸いである。

目次

装丁・本文デザイン／ paare'n
構成／佐伯 要
写真／ BBM

第1章

時短に秘策なし

自主性と細かな工夫の積み重ねが効率を生む

宮崎県立高鍋高校　**山本一夫** 監督

PROFILE

山本一夫 監督

1969年7月13日生まれ。宮崎県出身。宮崎県立高鍋高校―東洋大。公民教諭。現役時代は外野手としてプレー。東洋大では東京都練馬区の社会人クラブチーム(軟式)でプレーした。公民の教諭として宮崎北高校、日向高校を経て、2013年から母校に赴任。2022年秋の宮崎大会では準優勝を果たし、23年ぶりに九州大会に出場。1回戦で敗退したが、2023年センバツの21世紀枠の九州地区候補校に選ばれた。6月の宮崎県選手権大会で26年ぶりの優勝。31年ぶりの第1シードとして夏の開幕を迎えた。

2時間でやるべきことを選択する

宮崎県立高鍋高校は、２０２２年秋季九州大会に23年ぶりに出場。１回戦で明豊高校（大分）と対戦して０対２で敗れましたが、23年のセンバツ21世紀枠の九州地区候補校に選んでいただきました。１９９８年以来のセンバツ出場はなりませんでしたが、やっていることの成果は出ていると考えています。

平日の練習時間は17時から19時までの２時間。グラウンドは、学校の近くにある高鍋町営のＭＡＳＵＤＡスタジアムを使用しています。

時間がいくらでもあるなら、いろいろなことに取り組めるでしょう。しかし、２時間では「アレもコレも」はできません。何を優先するか。どこに特化して伸ばすのか。「コレをやる」という選択と集中が求められます。

これは、勉強にも通じること。どの教科の、どの部分に力を入れるのか。限られた時間の使い方に工夫が必要なのは、まったく同じです。

何かを選ぶということは、ほかの何かを捨てること。捨てる勇気が必要です。何を選ぶか、裏を返せば何を捨てるかに、そのチームの特色や個性があらわれます。

私も以前は、生徒たちにいろいろなことをさせようとしていました。しかし、多くを成し遂げるための近道は、まず一つを成し遂げること。現在は「アレもコレも」ではなく、「コレだけをやるぞ」という部分に絞っています。アレを捨てるから、その分コレを頑張る。そのほうが生徒たちも集中して取り組めると考えています。

練習メニューはボトムアップで決め、事前に伝える

練習は課題を克服する場。試合はその成果を発揮する場です。平日の練習は2時間しかないので、1分たりともムダにできません。

チーム作りを長期的なスパンで考えると、夏の大会までにどういうチームにするかという方針があります。秋、春の大会や練習試合で各選手が感じたチームの課題、個人の課題を主将が集約して、私や指導スタッフと共有しています。

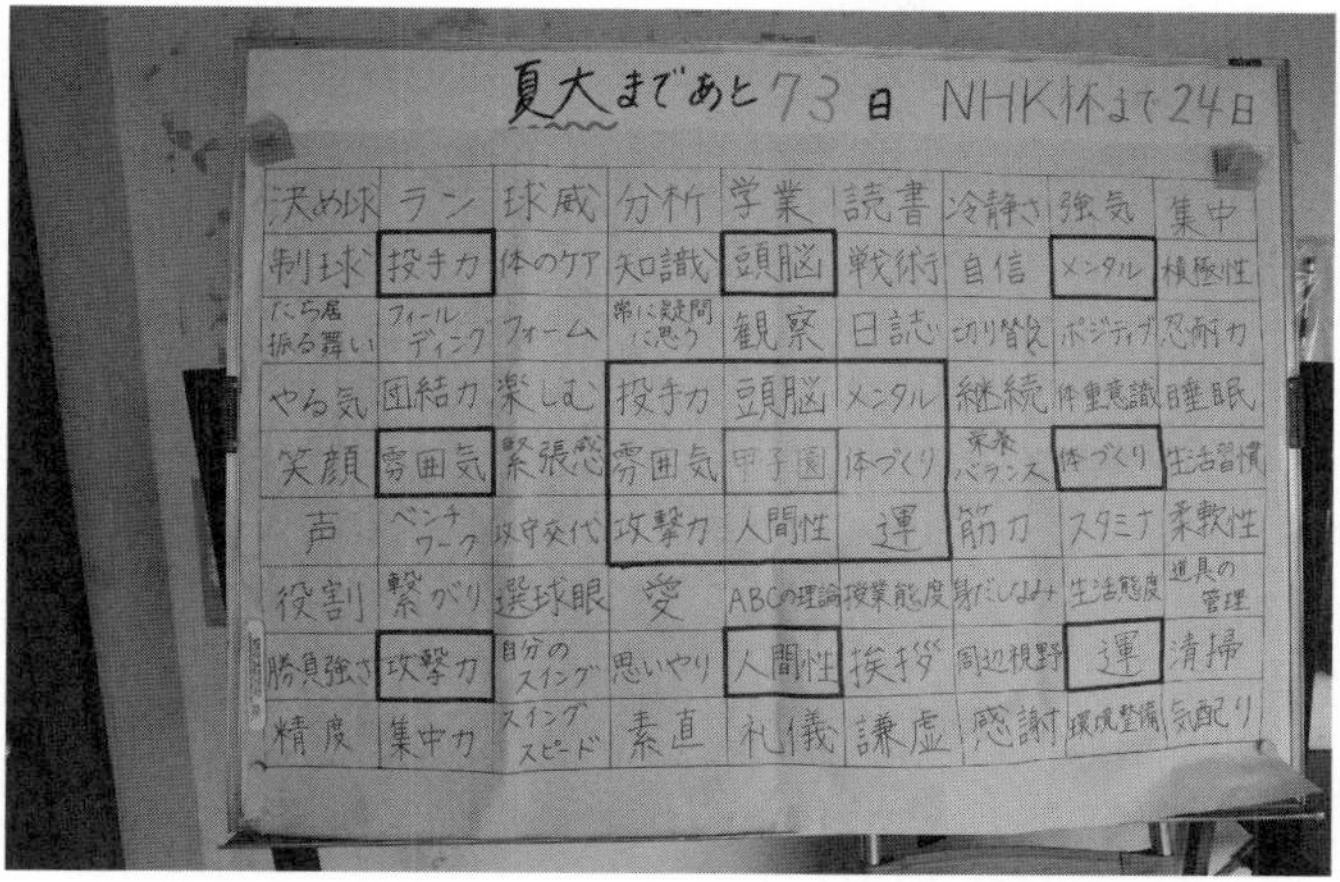

夏の宮崎大会までのマンダラチャート。グラウンドの正面入り口に掲示されている

その中の最も短いスパンとして、日々の練習の積み重ねがあります。1日の練習メニューについては、「これをやるぞ」とトップダウンで指示するのではなく、選手一人ひとりの「これをやりたい」という考えを吸い上げ、指導スタッフの意見も聞いて、ボトムアップで決めています。

指導者はどうしても「今はそれではなくて、これをやるべきだ」と口を出したくなりますが、そこはじっとガマンする。野球は指導者のためのものではなく、生徒たちのためのものです。生徒たちには「どんな練習をするのか、自分たちで考えなさい。どうせやるなら、楽しくやろう」と話しています。

高校生にもなれば、自分たちで考え、アイデアを出し合うことができます。自分たちで導き出した答えなので、責任感も出るし、自覚も芽生える。主将を中心に、みんなで充実した練習にすることができます。同じ時間をかけるのであれば、指導者にやらされるのではなく、自分たちで楽しく、主体的に練習したほうが、効率よく成長していきます。

1日の練習が終わった後、選手たちだけでミーティングをしています。短時間ですが、そこで「今日の練習はどうだったか」、「明日はどんな練習をしたらいいのか」などを話し合っています。

主将は選手たちから出た意見をまとめて、翌日の午前中の授業の合間（主に2時限目終了後の休み時間）の10分間で、私と話します。私は私で指導スタッフの意見を聞いたうえで、主将とのミーティングに臨む。そうやってみんなの意見をすり合わせて「今日の練習ではこれをやろう」と決めます。昼休みには、選手たちが教室に集まってミーティングを開催。主将が「今日はこの練習をやりたいが、他に要望はないか」と伝達し、全員で共有しています。

選手一人ひとりが「今日の練習内容は何か」、「なぜこの練習をするのか」という全体像を事前に理解しておくことが大切です。そうすることで、練習に主体的に参加できるので、活気が生まれます。全体練習の内容から考えれば、ウォーミングアップを含めた準備も効率的にできる。「今日は全体練習でこれをやるから、自主練習ではこれをやろう」と、自分で練習の計画を立てることもできます。このような逆算が、ムダな準備や余計な待ち時間といったロスを省くことにつながります。

あえて答えを教えず、考えさせる

効率を考えると、トップダウンで「こうしろ」と指示したり、答えを教えたりしたほうが早いように思えます。学校の授業では、問いについて生徒に考えさせるよりも、教師が答えを教えたほうが早く進みます。しかし、それが本当の学力につながるかどうかは、別問題。パッと与えられた答えほど、スッと早く忘れてしまいます。それよりも、答えにたどり着くまでのプロセスが大事。時間がかかるからといって、そこを省略してしまうと、結局は力がつきません。自分たちで答えを考え、探し求めていく。その探求心こそが主体性を生み出していきます。これは野球も同じです。答えではなく、問いを与える。そうすれば選手たちは主体的に動くようになります。

私は、よく投げかけをします。たとえば「走者一、三塁での偽装スクイズでは、一塁ランナーはどのタイミングでスタートするのが理想か。このプレーを今週末に確認するので、考えておいてください。答えは日誌に書いて、提出」という宿題を出します。

私達のチームの理想の答えとしては、「一塁走者は捕手が気付きにくいディレードスタート」ですが、その答えだけを与えても、頭には残らない。「知る」と「できる」は別。答えを知っていても、いざ本番でそれができるかどうか、わかりません。

自分で「こうかな。いや、こうかもしれないな」とじっくり考えて、自分なりの答えを絞り出す。時間はかかりますが、このプロセスを経たうえで、週末など時間がある日の練習で実際にそのプレーをやってみる。そうして理解したものは、頭にも体にも残り、本番で実践できるようになります。

答えだけを教えても表面的な認識にしかならない。生徒本人が探究心を持って導き出す答えが実戦で活きる真の理解となると思います。

時短は細かな工夫の積み重ね

練習内容は、全体練習ですることと、個人練習ですることを明確に区別しています。たとえば、ランニングや素振りなど個人でできることは、全体練習では省いています。平日の練習は、とにかくシンプルに。平日にできないことは、週末など時間がある日に実施しています。たとえば、平日にシート打撃をすると、それだけでかなり時間を使ってしまう。大会直前には平日にシート打撃をすることもありますが、通常は週末に実施しています。

全体練習での打撃と守備の割合は、8対2もしくは7対3。平日は主にバッティング強化とフィジカル強化に重点を置いています。

ウォーミングアップは、個人に任せています。ダッシュも取り入れていますが、全員

ダッシュは走塁練習。試合での状況を想定してスタートを切る

で揃ってするのではなく、個人が思い思いの形でしています。

大事なのは、1本1本で何を意識して走るか。体が温まったら、走塁練習を兼ねて、さまざまなパターンでスタートします。たとえば、自分が一塁ランナーであると想定して、投手のモーションを頭の中で思い描いてスタートを切る。イメージする相手投手は、右投手の場合もあれば、左投手の場合もあるでしょう。通常のスタートだけではなく、ディレードスチール、偽装スチール、けん制での帰塁なども取り入れます。また、三塁ランナーであると想定すれば、ゴロ・ゴー、ライナーバック、タッチアッ

キャッチボールは守備練習。さまざまな状況からのスローイングを想定して投げる

プなどもイメージしてスタートを切ります。

ウォーミングアップが終わったら、キャッチボールをします。ここでも、1球1球で何を意識するか。ただの肩慣らしではありません。肩が温まったら、「これは守備練習だ。キャチからリリースまでの0・7秒を意識しよう」という表現で、試合中のいろいろな場面を想定しながらおこないます。たとえば、ゴロ捕球からのスローイング、走者にタッチしてからのスローイング、中継プレーでカットに入った時のスローイング、ランダウンプレーでの走者を追いながらのスローイングなどです。

私はキャッチボールを見るのが好きなの

で、なるべく近くで見て、選手にいろいろなアドバイスをしながらコミュニケーションを取っています。

守備練習では、走者をつけたノックはおこなっていません。確かにそれは実際の試合に近い状況が再現できますが、短時間であること、人数がそれほど多くないこと、ケガのリスクがあることなどを考慮して、〝捨てて〟います。

練習中に選手たちを集めておこなうミーティングは、1分以内で終わるようにしています。ここでいろいろなことを伝えようとすると、もっと時間がかかります。練習内容の詳細など伝えるべきことは昼休みの選手間ミーティングで共有していますので、私が話すのは「今日は○○だけ気を付けよう」などと、一言だけ。ほんの少しですが、ここでも時間を短縮しています。

週末など時間がある日の練習では、戦術的な練習やサインプレーなど、平日にできなかった練習をします。このときも、その場で細かなことを考えたり確認したりすると時間がかかるので、前述の「偽装スクイズ」のように事前に宿題として出して、選手たちが自分で考えてから臨めるようにしています。そのほうが理解も深まり、チームとしての徹底事項が浸透しやすくなります。

こうした工夫で短縮できる時間は、少しずつ。しかし、塵も積もれば山となる。コツコツと積み重ねて、時間を生み出しています。

長所を伸ばして、自分の色を出せ

限られた時間で、長所を伸ばすのと短所を消すのとでは、どちらを優先するべきか。非常に悩むところです。私は生徒たちに「自分の長所をドンドン伸ばして、自分の色を出していこう」と伝えています。

一人ひとりの短所を消して、平均点の高いチームになったほうが、勝ち負けは計算できるのかもしれません。でも、私はそれぞれの長所を伸ばして、個性あふれる人材が集まったほうがいいと考えています。誰にも負けない長所がある選手は、「ここは、やっぱりお前しかいない」という場面で、必ず活躍してくれるはず。そういう選手がたくさんいると、頼もしいチームになると思うのです。

短所を消そうとすると、失敗を恐れるようになりがちです。そもそも野球は「失敗のスポーツ」。打席では10回のうち7回失敗しても、好打者と評価されます。むしろ〝失敗〟した打球のほうが、いい場合もある。打ち損じた打球や止めたバットに当たった打球が、ヒットになるかもしれない。一死三塁からエンドランを仕掛ける場合は、ドン詰まりの打球のほうがいい。サッカー、ラグビー、バスケットボール、ゴルフ……いろいろな競技をみても、ミスショットが成功につながるのは、野球ならではの特色ではないでしょうか。

だから、私は生徒たちに「思い切りやろう。挑戦しなかったり、同じ失敗を繰り返したりするのが、本当の失敗だよ。同じ失敗をしなければ、それは成功の種。同じ失敗をしないように準備して、失敗を成功の種にしよう」と話しています。

もちろん、短所がないほうが、長所を生かしやすい。たとえば長打力はあるけれど、守備ではスローイングに難があるという選手は、代打として1試合に1回、打席に立てるかどうか。守備の短所をなくすことができれば、スタメンで出て、長所を生かす機会が4回から5回まで増えることになります。

私は選手たちに「お前は○○が長所だから、そこをドンドン伸ばそうよ。ただ、□□ができれば、もっと得意技を生かせるよね」と伝えています。長所を伸ばしてから、短所をなくす。この順番のほうが、選手は意欲的に取り組めると思います。

短時間で集中して「発揮能力」を養う

平日の練習は、17時から始まります。授業が終わり、グラウンドに到着して、ユニフォームに着替え終わった選手から各自でウォーミングアップ、キャッチボールをします。その後は、主に以下のⅠからⅣの内容でおこなっています。

Ⅰ　バッティング中心の3班練習

選手（現在は3学年合計で38名）を3班に分けます。学年、レギュラーやベンチ入りメンバーなどで分けるのではなく、集合して輪になり、「イチ、ニ、サン」の号令を掛けて分けています。

「A・4ヵ所での打撃練習」、「B・サイドノックとティー打撃」、「C・トレーニング」の3つのメニューを、1班は「A→B→C」、2班は「B→C→A」、3班は「C→A→B」の順で回していきます。

1つのメニューを25分間でおこないます。メニュー間の移動（移動中はもちろん全力疾走です）、スパイク、シューズの履き替えなどの準備、水分補給などにかかるインターバルを5分として、3つのメニューを約90分で終えることになります。

2023年の春の大会後はチーム全体で打撃強化に取り組んでいますので（後に詳述）、練習日の7割くらいが「バッティング中心の3班練習」になっています。

4ヵ所での打撃練習中は、守備を付けません。生きた打球を捕るのは大事ですが、打球を追っているうちに別の打球が飛んできて危険なので、〝捨てて〟います。2ヵ所くらいに減らせばそれもできるのでしょうが、打つ本数の多さを優先して選択しています。

その日のテーマによっては、走塁のスタート練習も同時におこなうことがあります。その時はベース付近に防球ネットを立て、スタートを切るだけにしています。

守備練習はシートノックではなく、サイドノックをおこないます。連係プレーの練習

(上から)4ヵ所での打撃練習／三塁側ファウルグラウンドのサイドノック／バックネット前でティー打撃／グラウンドの外でトレーニング

は〝捨てて〟、短時間で多くの本数を捕ることを優先しています。

Ⅱ　守備中心の3班練習

選手を3班に分け、「A・守備練習（ノック）」、「B・ケージ内での打撃練習」、「C・トレーニング」の3つのメニューを順に回します（1メニュー25分間）。

Ⅲ　内外野別ノック→バッティング中心の3班メニュー

内野と外野に別れて、ノックを20分間おこないます。その後、選手を3班に分けて、Ⅰと同じバッティング中心の3班練習を1メニュー20分間で回します。

Ⅳ　試合前ノック（7分）→シートバッティングもしくは紅白戦

試合と同じ緊張感で7分間のシートノックを受けます。その後、シートバッティングもしくは紅白戦をおこないます。

補食として、マネジャーが握ってくれたおにぎりを食べる

野球はメンタルの部分が大きな割合を占めるスポーツです。勝負は、ちょっとした差で決まってしまう。いくら練習で技術を身につけても、それを本番で発揮できなければ意味がありません。

本番で力を出せる能力を「発揮能力」と呼んでいるのですが、これが試合で勝つ大きなカギ。普段の練習から、いかに公式戦をイメージして取り組めるか。ダッシュの1本、キャッチボールの1球、打撃練習の1スイングで、いかに本番を想定して取り組めるかが重要です。

短時間でも、自分たちでメニューを考え、「どうすれば勝てるのか」「どうすればうまくなるのか」を工夫して主体的に練習すれば、１本、１球、１スイングで本番のように集中でき、発揮能力を養うことができる。長時間の「やらされる練習」「こなす練習」では、それはできないと思います。

高鍋高校の選手たちは、野球の技術は他校に劣るかもしれませんが、普段の練習で培った思考力や判断力や集中力、発揮能力はどこにも引けを取りません。たとえ短時間の練習でも、効率面で長時間の練習を逆転することができると信じています。

打撃強化のカギは「０・４秒」

宮崎県内にも１４０キロ以上の速球を投げる投手を擁するチームが複数あります。２０２３年の春の大会では速球に苦しんだので、夏の大会に向け、１４５キロの速球への対応力を課題として取り組みました。

攻撃力を上げるには機動力を生かすのも一つの方法かもしれませんが、現在の高鍋高校は走力のある選手が多く、戦術の引き出しもたくさんある。あとは打力を上げれば……ということで、この課題にたどり着きました。

速球に対応するために、スイングスピードそのものを短期間で上げるのは難しい。それに比べると、スイング軌道の修正なら、短期間でもある程度は可能です。

145キロの速球に対して、その選手はどういう打撃ができているのか。一人ひとりの現在地を把握して、そこから修正していきます。

投手板からホームベースまでの距離は18・44メートルですが、投手のリリースポイントからインパクトまでの距離を17メートルとすると、145キロの球は投手の手を離れてから約0・4秒（正確には0・422秒）で到達します。

まず、選手にこの「0・4秒」を体感させます。ピッチングマシンを140キロ以上に設定して実際に打つのはもちろん、ストップウォッチで0・4秒を刻む練習もしました。

そして、この0・4秒という時間内で正確にインパクトすることを意識して、打撃動作やスイング軌道をイメージさせます。

リリースされた球を見て、「打とう」と判断してからスイングを始めたのでは、間に合いません。トップの形をつくり、全球を打ちに行きながら、球を見極める必要があります。さらに、ムダな動きをなくし、トップからインパクトまで最短をイメージした距離でヘッドを走らせなければなりません。

タイミングの取り方は、その選手によってさまざま。「こうしろ」と型にはめるのではなく、「こういう方法もあるよ」とヒントを与えるようにしています。ただ、構えの時点で遅れてしまったら、勝負になりません。「投手よりも早く構えよう」ということだけは、全員に伝えています。

私は、速球対策に苦い経験があります。これまでは速い球に合わせようとするあまり、その選手が持っているバッティングを壊してしまうケースがありました。たとえば投手側の肩が早く開いてしまったり、腕の動きだけで打ちにいってしまったり……。そうした過去の失敗について正直に伝えるのも、指導者の役割だと考えています。

打撃練習をいかに実戦に近づけるか

主におこなっているのは、4ヵ所での打撃練習です。一見すると、いわゆるフリーバッティングですが、自由に気持ちよく打っているわけではありません。
マシンが1ヵ所。直球の球速や変化球などの設定を、その日のテーマによって変えています。残りの3ヵ所は打撃投手に投げてもらっています。打撃投手は投手陣が務めています。打撃投手も、L字ネットからホームベースまでの距離や球速、直球だけか変化球もミックスするかなど、その日のテーマによって条件を変えています。たとえば投手が投げてくれる緩い球でも、呼び込んで打つことで、140キロの球に見立てることができます。

打撃練習にはいろいろなバリエーションがあります。その一つが「状況設定バッティング」。ケージの外で順番を待っている次打者が走者の状況を指定して、打者がそれに対応した打撃をします。たとえば「ワンアウト三塁」なら、外野フライを打つか、内野ゴロを転がす。「ノーアウト二塁」なら、右方向へゴロを打つ。練習でこれができなければ、試合で打席に入る前に考え方を整理したり、狙い球を絞ったりできるはずがありません。

打撃練習中は「同じミスを2度、続けるな」が合言葉です。意図しない凡打や内野フライなどの同じ打球が2球続いたら、ペナルティとしてスクワットジャンプを10回する。これはプレッシャーをかけるためではなく、1球失敗したら、原因をその次の球にフィードバックする意識を植え付けるため。「投手側の肩が早く開いたから、凡打になった」「ゴロを転がそうと思ったのに、ボールの下を打ってしまって、フライになった」など、自分で失敗の原因に気づき、反省を次の球に生かして、修正する。試合中の3〜5打席で修正できるようになるだけでも立派ですが、さらに、その1打席の中で修正できるようになることを目指して、1球1球を打っています。

投手は「投球」よりも「頭球」を

「投手は別メニュー」というチームも多いと思いますが、高鍋高校では投手陣を大きく分離させず、野手と同じメニューに参加しながら投手メニューに取り組むようにしています。

投手メニューとしては、ブルペンでの投球練習のほか、短時間で高い負荷が掛けられ

投手メニューのタイヤ引き。打撃練習中に右中間でおこなう。短時間で高い負荷をかけ、足腰を鍛えるのが狙い

るトレーニング（タイヤ引き、バトルロープやメディシンボールを使ったトレーニングなど）を盛り込んでいます。

打撃練習をする時は、野手陣は準備として7分間のティー打撃をします。その間に投手陣は2人一組になり、30メートルから40メートルの距離でキャッチボール（中投）をしています。

中投では真っすぐだけではなく、変化球も投げます。捕手のミットを通過点として、その先まで投げるイメージです。

ブルペンでの投球練習では、投げた球の軌道を自分の目でチェックするのは難しい。この中投なら、自分の投げた真っすぐが伸びているのか、垂れているのか、シュート回転あるいはスライダー回転して曲がっているのか、変化球ならどのような変化をしているのかなどがチェックできます。

先述したように、打撃練習では投手陣が打撃投手を務めます。投手陣には「投球」(自分が投げたい球を投げること)だけではなく、「頭球」(冷静に打者の狙いを感じながら投げること)を求めています。ブルペンでの「投球」練習も大事ですが、打撃練習で投げると、打者を見ながら「頭球」する感覚がつかめるので、実戦的かつ効率的です。また、打撃練習では通常の距離から強い球を投げたり、近い距離から緩い球を投げたりすることもありますが、そうした投球は制球力や指先の感覚を磨くことにもつながります。

メンバーを絞らず、全員で同じ練習をする意味

高鍋高校では、大会直前を除いて、ベンチ入りメンバーかどうかに関係なく、全員が同じように練習しています。

練習終了後の山本監督の話は端的。「今、チームで取り組んでいることはわかっていると思う。今日の練習で、自分の課題はどれくらい克服に近づけたのか。そこを振り返らないと、やったつもりの練習になってしまう。自己満足で終わらないよう、しっかり確認してほしい」

たとえば練習メニューI（P23参照）の打撃練習では、「7本打ったら交代」で回しています。あまりにもバットを振る力が足りていない1年生に対しては「まだ土俵に上がる力がない。もっと振れるようになってから」というケースもありますが、その例外を除いて、レギュラーもベンチ入りメンバー外の部員も、打つ本数は同じです。

ベンチ入りメンバーの20名に絞ったほうが、より効率的だという考え方もあるとは思います。以前は私もそう考えて、早くからメンバーを絞り、練習内容を区別していました。

しかし、そうすると、どうしてもチームの雰囲気が重くなります。みんな頑張っているのだから、みんな同じように打つ。そのほうが雰囲気がいい。選手間でどっちがいいかを話し合ってもらったこともありますが、主将からは「みんな同じがいい」という結論が返ってきました。

チームの雰囲気が重くなり、一体感が下がっても、メンバーを絞った練習をするほうが効率的なのか。多少の効率面は〝捨てて〟、みんなで同じ練習をして、チームの雰囲気がよく、一体感が高まるほうがいいのか。私は、結局は後者のほうが大きなリターンが得られると思います。

時短・効率練習に、秘策はありません。一番のキーワードは、選手たちが主体的に、生き生きと練習する。これに尽きると思います。

野球日誌は心を写す鏡

高鍋高校の野球部員は、毎日「野球日誌」を書いて、私に提出しています。その日の

1日の練習内容と「心」が書かれた野球日誌。自分を振り返るツールとして活用している

全体練習でしたことに加え、帰宅した後などにした個人練習の内容も記しています。練習試合があった日は、1打席ごとに「なぜ打てたのか」「なぜ打てなかったのか」など、内容を細かく自己分析して、記録しています。その1日が終わった時に、新しい自分が発見できているのが理想です。

野球日誌は、指導者への報告というよりも、自分で振り返るためのもの。人は、失敗を反省しても、すぐに忘れてしまう。日誌に文字として残して、それを読み返すことで、次に生かすことができます。

練習で失敗しても、本番で成功すれば、それは失敗ではありません。前述したように、失敗は次に生かせばいいのです。

「日記」と「日誌」は似ていますが、日誌の「誌」には「心」という字が入っています。私は、「日誌には、心を書きなさい」と言っています。入部した当初は「今日の練習では○○をした。疲れた」と書いてくる選手もいますが、「これでは小学生の日記だよ」とコメントして返します。

「文は人なり」。私が好きな言葉です。心が素直に表現できている文章が、いい文章です。そういう文章が書けるということは、自分の中にいろいろなものが蓄積され、成長しているということ。だから、日誌を読むと、その人の心の成長や成熟度がわかります。ある部員が、ある日の日誌にこう書いて、私に提出してくれました。

『今日のバッティング練習では、トップからインパクトまでの距離を短くするようにして打った。大きく変えないと、昨日と違う新しい自分は見つからないので、頑張りたい』

これを読んだ時、私は「日誌を書くことで、考える力が育っているな」と、うれしくなりました。

練習以外の部分で感度を磨く

高鍋高校の野球部の生徒たちは、自主的に6時50分に登校してきて、約15分間の清掃活動をしています。これは野球部の伝統です。以前は全員でやっていましたが、現在は班分けをして、週に2回の当番制にしています。

私は生徒たちに「勉強は自分に返ってくるもの。清掃は自分だけではなく、まわりの人を喜ばせる力（他喜力）になる。自ら進んで清掃ができる人間になりたいよね」と話しています。

清掃によって、いろいろなことに気づく力が育めます。入部してきたばかりの1年生は経験が少なく、まだアンテナの感度も鈍い。清掃を続けていると、学年が上がるにつれて、ほうきで掃く姿勢がだんだん低くなるし、掃く回数も多くなる。それと比例するようにアンテナの感度が鋭くなり、何かに気づいた後に自らサッと動けるようになる。

生活態度にも落ち着きが出てきます。生徒たちを見守っていると、週2回の掃除を続けることで他喜力が身につき、大人に成長するスピードが早まっているのを感じます。

アンテナの感度は、野球にもつながります。高校野球の場合、試合時間は2時間前後。そのうち、ボールが動いている時間は短い。次の投球までのわずかな「間」で、攻撃では作戦の指示・伝達や狙い球の選択、守備ではポジショニングの変更などがおこなわれます。

この「間」を、どう勝利に結びつけるか。感度の高いアンテナで何に気づき、何を考えるか。相手投手は、どんな表情をしているのか。捕手のサインに首を振ったのか、いつも以上に大きく頷いたのか。瞬時に、細かく、正確に状況を観察する力や、判断したり思考したりする力は、野球の練習だけでは届かない領域です。

だから、私は練習以外の部分で感度を磨くことが、練習にも試合にも生きると考えています。平日に野球をするのは、練習の2時間だけ。だけど、清掃活動や野球日誌への取り組み、学校生活など、その他の時間もすべて野球につながっている。そう考えると、高鍋高校の練習時間は「2時間」ではありません。

自分たちで歴史を作れ

高鍋高校は春夏合わせて計10回、甲子園に出場しています。まわりからは「名門」「古豪」と見られていますが、なにせ春は平成10年（1998年）、夏になると昭和58年（1983年）を最後に、甲子園からは遠ざかっています。もう昔の話です。

私は昭和60年に高鍋高校に入学しました。その2年前に夏の甲子園に出場していますので、「先輩たちは強かった」と言われ続けました。私はそれが嫌だったこともあって、今の生徒たちには「昔は昔だから、意識する必要はない。君たちが自分で歴史を作ればいいんだよ」と話しています。

私の高校時代は厳しくて、厳しくて、やらされて、やらされて……という長時間の練習でした。それをすべて否定するわけではありませんが、当時と比べると、今の生徒たちは生き生きとした表情でグラウンドに出てきて、楽しそうに練習しています。

平日の練習を短時間にしたのは、2020年のコロナウィルスの感染拡大がきっかけでした。短くしてから、生徒たちの笑顔が増え、生徒たちと指導者との距離も近くなったのを感じています。彼らが楽しそうに練習している姿を見ていると、私もうれしいし、楽しい。以前は「勝たなきゃいかん」と焦ってばかりでしたが、考え方に余裕ができました。

もちろん勝つことも大事です。『公認野球規則』1・05には、「各チームは、相手チームより多くの得点を記録して、勝つことを目的とする」と明記されています。

しかし、勝つことだけを目指しても、全国約3500校のうち、最終的に達成できるのは甲子園で優勝した1校だけ。では、負けたチームはやってきたことがムダだったのかというと、けっしてそんなことはありません。甲子園に出場する。それも大きな目標です。それ以上に、野球をとことん好きになってほしいと願っています。

卒業後に「高鍋の野球部でよかった」と思える生徒を、野球を終えた後に社会人として「野球をやっていてよかった」と思える人を、一人でも多くしたい。そのための環境を提供するのが、私の役割です。

宮崎県立
高鍋高校

部員数:43名
グラウンド:
MUSUDAスタジアム(町営)両翼100メートル、中堅120メートル
平日の練習時間:17時から19時
主な戦績:甲子園出場　春4回(1962年、65年、66年、98年)、夏6回(1954年、59年、61年、65年、73年、83年)。
2018年秋季宮崎大会8強、2019年春季宮崎大会4強、
2022年秋季宮崎大会準優勝、同九州大会1回戦敗退。
2023年センバツ21世紀枠九州地区候補校
2023年第70回宮崎県選手権大会優勝

第2章

PDCAサイクルを回せ!

群馬県立太田高校　岡田友希 監督

PROFILE

岡田友希 監督

1976年8月25日生まれ。群馬県出身。群馬県立太田高校―早稲田大。保健体育科教諭。太田高では外野手としてプレーし、主将兼四番打者を務める。2年秋は群馬大会準優勝して関東大会に出場。3年夏は群馬大会4強入り。早稲田大では準硬式野球部を経て、1年秋から硬式野球部に入部。卒業後は臨時採用で太田高校の野球部を4年間指導。うち3年間で監督を務めた。2003年4月から県教員採用で利根実業高校に赴任して、同秋から監督に就任。12年夏に県8強入り。13年4月に母校へ転任して、同秋から監督となる。15年夏に県8強。2021年の春と夏に県4強。同年秋には県8強で、22年センバツ21世紀枠の関東地区候補校に選ばれた。

「短縮」ではなく「圧縮」

群馬県立太田高校は、文武両道を実践する男子校です。野球部は2021年春の群馬大会では私立強豪の前橋育英高校にコールド勝ちするなどして、4強入りを果たすことができました。同夏も4強入りすると、新チームになった秋の群馬大会でもベスト8まで進出。22年センバツの関東地区候補校に選出していただくなど、「武」でも成果をあげることができています。

私は、勉強も野球も「成果＝質×量」だと考えています。太田高校の平日の練習時間は、平均すると2時間30分前後。どうしても「量」は限られます。

単純に量を減らすことで練習時間を2時間30分に収めるのは、「短縮」にすぎません。それでは私立強豪校との差は開く一方です。

私たちは「短縮」ではなく、「圧縮」を意識しています。アレもコレもやるのではなく、やることとやらないことを整理して、シングルタスクに絞る。練習の目的を明確に持ち、1本、1回、1打に集中して、質を高めるのが「圧縮」です。「圧縮」ができてはじめて、短時間の練習でも成果をあげることができます。私は選手たちに「圧縮できているか？　短縮になっていないか？」と常に問いかけています。

PDCAサイクルを回す

私たちは、練習を成果につなげるために、個人とチームが『PDCAサイクル』を継続的に回しながら活動しています。PLAN（目標・計画）→DO（実行）→CHECK（点検・評価）→ACTION（改善）のサイクルです。

長期的には、夏の大会までにどうなっているか。そこから逆算して、新チーム結成直後の秋、そして次の春と、大会ごとの目標があり、1ヵ月の目標があります。細かく言えば、1日の練習でPDCAサイクルを回しています。

それぞれのスパンで目標を達成するために行動して、点検・評価する。達成できていなければ、「もっとこうしよう」と考えて、改善していきます。考えるだけではなく、行動できているか、改善できているか。自分だけではなく、チーム全体ではどうなのか……。このようなPDCAサイクルを管理するために、部員たちはシート（PDCAサイクルシート、大会振り返りシート）やノート（個人ノート、バッテリーノート、つながりノート）を書いています。

のちに詳述しますが、シートやノートを記入すると、自分のことで精一杯になるのではなく、仲間やチームに関心を持つようになります。インプットとアウトプットを繰り返すことで思考が整理でき、個人の課題、チームの課題が明確になる。そして、それらの課題を改善して、目標を達成するにはどうすればいいのか、主体的に考える習慣がつきます。

こうしてPDCAサイクルを回していけば、練習の質も上がり、成果につなげられると考えています。

リーダー制で一人ひとりを成長させる

太田高校のチーム運営の中心は、主将、副将2人、裏主将の4人です。マネジャーはいません。

裏主将は、選手と指導者のパイプ役です。「察して動ける」人材に任せています。私が個人やチーム全体に話したことが伝わっていなければ、それを察知して、すかさずフォローしてくれます。プレー以外の部分、たとえば「声が出ていない」とか「整理整頓や環境整備ができていない」といった細かい点に気を配るのも裏主将の役割です。

この4人のほかに、「投手」「捕手」「内野手」「外野手」「打撃」「走塁」「トレーニング」「体重」の部門別にリーダーがいます。それぞれに責任と権限があります。みんなで考え、話し合いながら、主体的にチームをつくり上げていってほしいと考えています。

高校生にもなれば、誰かに依存するのではなく、自立してほしい。最上級生になったら何かしらのリーダーになるようにして、自立を促しています。

主将が強力なリーダーとしてチームを引っ張っていくのが理想かもしれません。ただ、1本の「矢」に力がかかると、折れやすい。主将、副将2人、裏主将、各部門のリーダーを中心に一人ひとりが1本の「矢」となり、すべてが1つにまとまれば、折れることはありません。

主将、副将、裏主将はもちろん、各部門のリーダーは、自分のことだけではなく、仲間のこと、チームのことを考えなければなりません。チームの中の誰が、何を、どのくらいできているかを点検して、その選手が成長できるように導く。つまり、彼らは選手でありながら、学生コーチの役割も担っているわけです。

各部門のリーダーたちは、担当する部門が「チーム全体として、いつまでにどうなっていたいのか」という目標や、その基準値を設定します。そこから逆算して「今はどの段階にあるのか」を点検・評価する。大会、月、週、1日ごとの課題を洗い出し、改善するための具体的な方法を考えて、PDCAサイクルを回していきます。

週間の練習メニューは、月間の目標や週末の練習試合で出た課題から決まります。

まず1週間の始めに、各部門のリーダーが現在の課題と改善するための練習方法を考えます。それを主将、副将2人、裏主将の4人が吸い上げて、「今週はこの課題を改善するために、この練習をしよう」と決めています。たとえば、走塁部門のリーダーから「週末の練習試合では、三塁走者の状況判断ができていなかった」という課題が提示されたら、「今週は打撃練習中に防球ネットを立てて、三塁走者のスタート練習を取り入れよう」というような形です。

1日の練習メニューは、前日の練習後、もしくは当日の昼休みに主将、副将2人、裏主将と、私の計5人で話し合って決めています。

シートとノートでPDCAサイクルを管理する

選手たちがPDCAサイクルを管理しているシートとノートについて、説明します。

①PDCAサイクルシート

チームをデザインしていくためのシートです。

PDCAサイクルシートの一例

投手部門

名前　宮下誉生

4月の完成図 （目標、簡潔に）	投手ごとの役割を全うして、大会全試合を通して9回3失点以内で試合を作ることができる投手陣		
4月の達成状況 （何%、何が出来る、身についた、成長）	9回3失点→大会では達成 ＢＵＴ練習試合、２年生投手陣のコントロールの当たり前のレベルが低く、四死球が絡んだ失点が多い		
原因分析 （原因、根拠、傾向・クセ）	ランナーが出たとき（エラーや四死球含む）に、フォームが崩れる者が多い →キャッチボールのときにクイックなどランナーを想定して投げていないから？ →フォームが完璧に身についていないから		
5月の完成図	もう一度、コントロール8／10 or 4／5（理想は10／10）クイックでも同程度が目標		
5月の具体的な方法練習内容・改善策 （どうやらせるか、どう点検するか）	週に1度のブルペン投球の際、毎回コントロール（？／10）を点検し、原因を把握させる 毎日のキャッチボールでホームベースを置いて、原因を直すとともに、そこからコントロールを意識する		
期限	**5月**	**6月**	**7月**
完成図 (夏大会までにどうもっていくのか)	ブルペンでのクイック8／10コントロール8／10を全員がクリアする	練習試合で四死球が絡んだ失点を0にする	投手陣で全試合9回3→2失点以内で抑える

部門ごとに月別の完成図（目標）を設定。達成状況をチェックして、達成できた（あるいはできなかった）原因を分析します。それをもとに翌月の完成図と達成するための具体的な練習方法や改善策を考え、理想と現実の差を埋めていきます。最終的には、夏の大会までにどうもっていくのかを提示します。

②大会振り返りシート

秋、春の大会を振り返るためのシートです。

どんな選手になるか、チーム内でどんな役割を果たすかなど、「なりたい自分」の完成図を掲げます。達成度を自分なりに評価して、達成できた（あるいはできなかった）原因を分析する。さらに、今後の練習試合や次の大会までにどう改善するかを考えます。自分についてだけではなく、チーム全体についても振り返ります。

③個人ノート

1日の練習を振り返って、翌日以降の改善につなげるためのノートです。

大会振り返りシートの一例

名前　宮下誉生

春大会の目標・役割	エースとして最少失点で抑えて、流れを持ってくる
春大会の振り返り（個人）	
なりたい自分 （完成図） 達成度 チーム貢献度	夏大会では、得点力を考えると３失点でも厳しい MAX2失点 →そのための「ストレート」のコントロール・キレ 投げ分け、出し入れ、スピード140㌔、ギアの使い方 ⇒チームを勝たせる投手になることが目標
分析 （原因、根拠、習慣、JKT）	冬場に上腕系のトレーニングが足りていなかった。 上と下のアンバランスさ そして柔軟性 ⇒春先が一番状態が良かったのは、 上記のものができていたから
今後の練習試合、夏大会への計画 （どう改善するか）	・上腕系の基礎トレ＋ウエイト＋朝ルーティン ⇒下半身と同等の筋力をつける ・フォーム改善 ⇒一番大事なのは身体の使い方をもっとうまく （・足幅・股関節・指先・左手・肩甲骨・肘）
春大会の振り返り（チーム）	
チームの成果、課題	一番は打撃力のなさ パワー、打ち分け、ミート率 どれをとっても他チームと比較して劣っている 攻撃の引き出しのなさが問題かも 単純に力不足もあるが、工夫もこれといって見られない
分析 （原因、根拠、習慣、JKT）	本当に春に向けて「岩崎を打つ」という目標を持って やっていない ただ自分たちのことだけ考えて漠然と練習をしていた
今後の練習試合、夏大会への計画 （徹底力、見据える力、やり切る力）	全体でのスイングの機会をもっと増やす ⇒守備練習は継続しつつも間の時間等を短くする ひたすら140㌔をイメージして振り続ける

今日の練習の目的は何で、そのために何をしたか。成果はどうだったか。自分で自分を評価して、自分の言葉で振り返り、「明日はこうする」という決意を記します。

私は個人ノートを読み、コメントを記入して返します。本人が気づいていない点がある場合は、質問や言葉を投げかけて、気づけるようにしています。

④バッテリーノート

練習試合や大会で実際に組んだバッテリーが、試合でうまくいったこと、うまくいかなかったことの原因を突き詰め、次に生かすためのノートです。

投手と捕手がお互いに記入し合い、私もコメントを記して、監督と投手と捕手の考えをすり合わせていきます。

野球では、バッテリーが勝敗の大きなカギを握っています。捕手が根拠を持ってリードする。それに応じて投手が投げ、野手が組織的に守る。投手対打者の「個」と「個」の勝負では、なかなか私立強豪校に太刀打ちできません。1球の根拠を突き詰めないと、トーナメントを勝ち上がることは難しいと考えています。

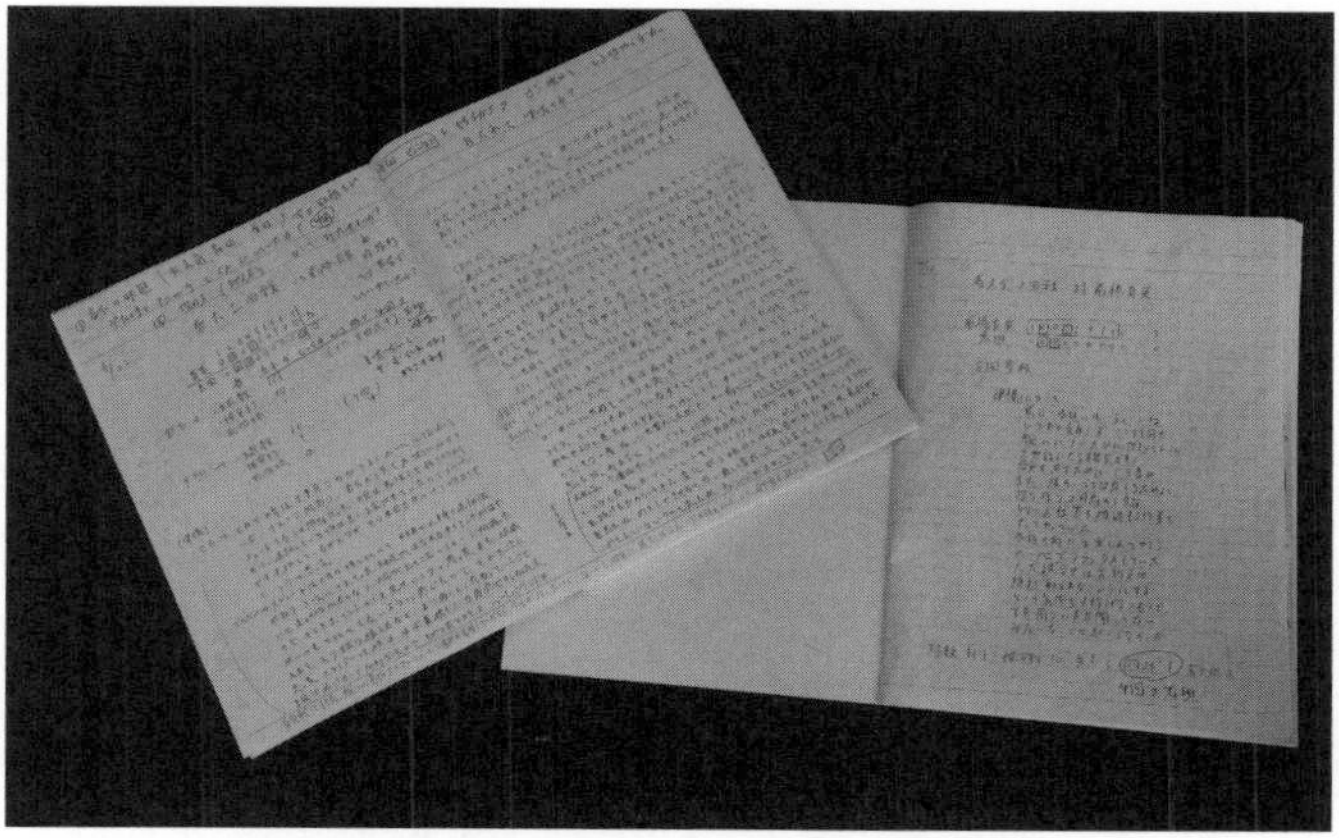

バッテリーノート　試合を細かく振り返って１球の根拠を突き詰める

打者をどう攻めようとしたのか。その結果、どうだったのか。また、どうすればよかったのか。配球だけではなく、体の使い方やフォームなど技術面、心の持ち方や気持ちの切り替えなど精神面も振り返ります。「その1球」を覚えていないと、書き込むことができません。自分の記憶はもちろん、曖昧な部分があればスコアブックを見返すなどして、頭をフル回転させて「なぜ?」を突き詰めます。こうして原因や根拠にアプローチしてインプットとアウトプットを繰り返せば、引き出しが増えます。

⑤つながりノート

選手同士の意思疎通を図り、チームの一体感を高めるためのノートです。部員を班分けして、5、6名で一冊のノートを共有。自分のことだけではなく、チームをよくするための考えを書きます。

このノートを順番に回すことで、仲間の考えや課題を共有できます。自然にチームや仲間に主体性を持ってかかわるようになり、視野が広がります。全体を俯瞰する視点や、相手の立場に立った視点を持つことがいろいろな気づきを生み、仲間の課題を改善させていくことに結びついていきます。次のページに、例として2022年のセンバツ出場校が発表された1月28日前後のノートをご紹介します。

練習中にもPDCAサイクルを回す

勉強では、授業の内容が理解できているかどうか、定期的にテストをしますよね？

野球も同じです。野球の技術は頭で理解しても、体がそのとおりに動かないと、成果に

【つながりノート】（令和4年1月分より）

※は岡田監督のコメント

1月27日（木）　加賀

［テーマ］
メリハリ　アップ、正面ティー、スダトレ、プレート30ｍ

今日は正面ティーとスダトレを1年生と2年生が分かれて行ったが、スダトレの方を見ていて、2年生は形を確認したり、1種目が終わったら他の人を見てアドバイスをするようにしていた。一方で1年生は2人組になってバラバラにやっており、2人だけでやっているので形が違っているのに気付かないでそのまま進めてしまっていた。どんどん進めてやるのも良いかもしれないが、チームとしての練習の質は下がってしまっていると思う。試合でも周りを見ていけるものが必要になってくる。その点では1年生と2年生の間で考え方のズレや意識の差があると思う。

最後の話で今が話してくれたように、昨年に比べてチーム内での競争意識であったり、グランドでの悔しさがあまり感じられていない。特に1年生は2年生をすごいと思うだけで、それに絶対に追いついてやろうとする姿勢が足りていないと思う。今は昨年の夏に試合に出られなかった悔しさがあって、それをバネに練習して、秋の結果になったと思う。一人ひとりが悔しさなどの感情を表に出してきても良いと思う。

※2年の方がより主体的に動き、まわりを見て気づいて声を出しているし、仲間を成長させ強くさせようとしている　1年も2年もスイッチを入れて考えて動くPDCAサイクルを回していく

1月28日（金）　小林

選抜発表

今回、このように注目されたことで自分たちは本当にたくさんの方々に支えられているのだなと感じることができた。そのうえで自分たちが最大限やるべき事をしてきたかと言われたら、まだ甘えている部分が一人ひとり少しずつあったのかなと思う。野球の神様がまだ詰められるし、もっとできるのだと伝えてくれたのだと思う。特に2年生はもう春、夏しか残されていない。本当の本気をチームに伝えて、1年生に姿を見せていきたい。

新チーム当初からの目標である「春関東」「夏甲子園」という軸はこれからも変えてはいけない。そして、それに値する努力、量、人間性をこれからもっとつけていく必要がある。

～切り替え方～

今日の選ばれなかった事に対して、どう思うかは人それぞれだと思うし、実際、一人ひとりバラバラな感情で良いと思う。ただ、大切なのはそこから考え方を一つに固定しないこと。例えば、自分は本番は夏だと思い、そこまで気の沈みは無いが、選ばれなかったことを心から悔しいと思う人もいる。「自分の意見はこれ」と他をブロックするのではなく、他のメンバーはどう思っているのかを話し合って、それぞれを理解していくべきだ。その積み重ねが、試合中の一言につながってくる。

　そして、今日のこの思いを忘れずに、練習を再開できたとき、全員が全員に驚く程のレベルアップができるように、自分たちの強みを活かして春に向けて取り組んでいきたい。ネットを使っての点検もリーダー中心に取り組んでいこうと思う。

※ターニングポイント　やってきたことを評価してもらい、関東代表まで選ばれたことは、チームとして自信と励みになった。また、甲子園をイメージして、より具体的に練習ができたことに感謝である。「勝負はここから」　どう切り替えてどうやるか。人は弱い。なまける。楽な方へいってしまう。だから、発表での感情は大事、重要になる。口だけにおわらないためにも、どう一人ひとりがつめていけるかが勝負。さあ、リーダーはもちろん各個人が考えて動き出す

1月31日（月）　木部

　ミーティングで決めたオンラインでの素振りが今日から始まった。周りにいない状況、一人での集中力が必要になってくる。普段はみんながいる中での練習だが、これからは自分達だけで工夫していかないといけない。だが、こういう個人の練習が続くと、今まで高めてきた周りを見る中で声をかけるなどのチームとしてのレベルが下がりがちになってしまう。だから、オンラインなどを使って発信していってほしい。

28日に発表があり、結果は残念だったが、良い経験になったと思う。今までは21世紀枠が大きなモチベーションになってやってこれていたと思う。しかし、これからは自分達でつくっていかないといけない。今まではある意味、つくってもらっていたのであって、これからは夏に向けてやっていく。ここからやっていけるチームが強いチームだと思う。

※良い経験になったかどうかは、28日からの一人ひとりの考え、想い、行動につながっているかどうかである。春大、夏大で勝って関東、甲子園へいけたなら良い経験と言えるかもしれないね。

2月1日（火）　羽鳥

　今日はオンラインでの素振りが始まって2日目であった。オンライン上では皆つながっているが、実際周りには誰もいない。このことの長所はいつもの部活でやる素振りよりも自分の動作、イメージ、感覚に集中し没頭して素振りができるので、自分の型を磨くのには適している。しかし、野球は相手がいるスポーツなので、当然相手のこともイメージしていかなければならない。自分の型が意識しなくてもできるようになれば相手のこと（配球やタイミングなど）に集中できるので打撃をより有利に進めることができる。

孫子の言葉「敵を知り己を知れば百戦してあやうからず」の「己を知れば」が今できること

21世紀枠について

今回は選ばれなかったが、関東代表に選ばれてから取材や「甲子園レベル」でのプレー、立ち居振る舞いなどなかなか経験できないことを1年生のときに経験できたことは今後の大会での太高の勝利に大きく結びつけられるはずだ。

このように「選抜大会に出場できる可能性がある」冬と、「ただがむしゃらに練習する」冬では、個々のレベルアップの仕方もぜんぜん違うはずだ。⇒夏の勝利にもつながる。

今年の秋大会ではまず関東大会に出場し、選抜大会出場の可能性を残した状態で冬を迎えるのが目標である。

※経験して終わりにするなよ。どう春大や夏大へ生かすか。1年が2年を追いこす気迫、行動があるか？

2月2日（水）　阿部

1月28日から始まった部活動休止期間。自分たちリーダーは昨年、澤田さんなどが作ってくれた休止活動中の過ごし方を参考に、自分たちで工夫してオンラインスイングなどをしている。今、太田高校には良い流れが来ている。この良い流れを、どう受け継ぐか。自分達2代目社長にはこれからの太田高校の命運がかかっている。

これから先、今まで味わったことがないようなプレッシャーや責任が自分達にはかかると思う。自分の持論だが、責任やプレッシャーを感じている人ほど成長することができると思う。自分達に求められているレベルは何なのか。良い意味で今のこの状況を利用して、良い休止期間にしていきたい。28日に発表があり、自分達は「あと一歩」で落選した。ここ最近の太田高校は「あと1勝」を勝ち切ることができない。やはり普段の練習の中から、もっと「あと1球」「あと1スイング」にかけてやってもいいと思う。春、夏で後悔はしたくない。今の休止期間中の練習も、もっと詰めて、もっと求め合っていきたい。

※どれだけ各自が、阿部が、オレが負けたゲーム、勝ったゲームからの教訓を学んで、次に生かそうとやり続けていけるかである。勝負への執念があって、負けないため勝つための方法・手段が見出せる。

つながりません。ですから、「わかっているかどうか」だけではなく、「できているかどうか」を日々チェックする必要があります。

自分ができればいいのではなく、仲間ができるようにしなければなりません。できているかどうかを点検・評価して、「良い」「悪い」を本気になって伝える。仲間にできていない点があれば気づかせて改善させ、全員をレベルアップさせていく。つまり、練習中の1回、1球、1打の単位でPDCAサイクルを回していくということです。

練習中は自分で自分をチェックするのに加え、各部門のリーダーがチーム全体をチェックします。その基準値として、普段の練習での成功率を重視しています。投手なら「ブルペンでの投球練習で10球のうち何球、狙ったところに投げられたか」、野手なら「トスバッティングで何本ノーミスで打てたか」「打撃練習で何本中何本がミートできたか」「バント練習で何本中何本が三塁側に転がせたか」など。このように目標を数値化することで、曖昧な感覚に頼らずにチェックできます。

太田高校の練習メニュー(一部)と、その目的は以下のとおりです。これを一人ひとりがしっかり理解して、取り組んでいます。

求めるのは「量×質」。ただ量をこなすのではなく、1回、1球、1打を正しい動作でおこないます。

質を高めるために「4つの声」（予測・確認の声、評価の声、アドバイスの声、雰囲気・励ましの声）を大事にしています。声は〝血流〟です。血流には全身に酸素、二酸化炭素、栄養素などを運んだり、体温を調節したり、傷口を修復したりする役割があります。全身をチームだとしたら、声が血流の役割を果たします。

①ウォーミングアップ

太田高校は、群馬県内でもっともウォーミングアップに力を入れていると自負しています。ケガの予防だけではなく、自分を見つめる習慣をつけ、正しい動きにアプローチして修正できる力を養う意図を持って取り組んでいます。

ウォーミングアップとして「ダイナミック」「ハムストリング」「プレート」「メディシンボール」「フットワーク」をおこなっています。

「ダイナミック」は、野球の投球、打撃、守備に必要な動きをウォーミングアップとしておこなうもの。トップアスリートを指導されているトレーニングコーチ・須田和人さんのご指導で導入しています。毎日取り組むことで、肩甲骨や股関節の可動域を広げ、下半身や体幹の筋力を強化します。

「ハムストリング」は、30～60メートルの距離を、下半身の力で移動するトレーニングです。「プレート」「メディシンボール」は、器具を使ったトレーニングです。「投げる」「打つ」という動きでは、下半身で生み出した力を効率よく指先（バット）に伝えなければなりません。プレートを保持したり、メディシンボールを投げたりすることで、下半身や体幹を鍛えながら、全身の連動性を身につけます。

「フットワーク」は、マーカーコーンを縦5メートル間隔、左右2・5メートル間隔に並べ、ダッシュ、サイドステップ、マーカーコーンへのタッチなどを繰り返すアジリティトレーニングです。正しく、かつ速く動くことで、野球に必要な身体の操作性や瞬発力を高めます。

これらのウォーミングアップの動きは、野球の動きにつながっています。準備運動やケガの予防だけが目的ではありません。技術練習の一環と考えています。

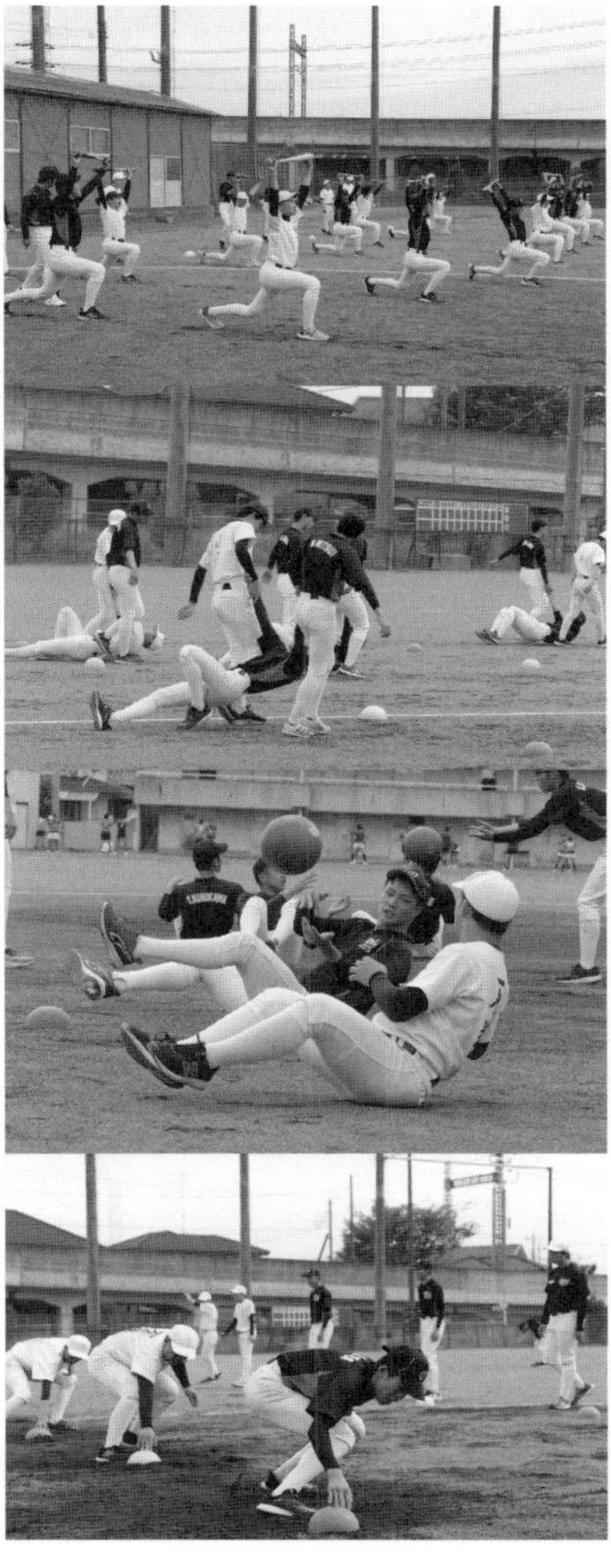

（上から）「ダイナミック」で野球に必要な体をつくる／「ハムストリング」で下半身を強化する／「メディシンボール」で全身の連動性を身につける／「フットワーク」で身体の操作性や瞬発力を高める

ウォーミングアップというと、自分と向き合ってするものというイメージがあると思います。しかし、太田高校では自分のことで精一杯にならないように、まわりに目配り、気配りをしています。自分の身体を動かしながら、仲間の動きを見て、「いい動きだよ」「しっかり腕を伸ばして！」「股関節が動いてないよ！」などと指摘し合います。「あと3回！　頑張れ！」と仲間を励ますのも大事です。

たとえばメディシンボールを使ったトレーニングなど2人一組でおこなう時は、必ず上級生と下級生がペアを組み、教えながらおこないます。その前提として、上級生は正しい動きを理解して、できるようになっていなければなりません。上級生がお手本を示しながら、下級生の動きを点検する。できている点は褒め、できていない点を指摘して、できるように導いていきます。

入学当初の1年生は自分の身体をなかなか思い通りに動かすことができませんが、毎日積み重ねていると、だんだん動きがよくなっていきます。比例するように、まわりへの声掛けもできるようにもなっていきます。下級生が正しい動きができるようになり、さらに遠慮せずに上級生にも指摘できるようになれば、しめたものです。

②キャッチボール

キャッチボールは単なる肩慣らしではありません。守備の技術練習です。基本のフォームを確認するだけではなく、応用も必要。投げる側の足（右投げなら右足）を前に踏み出して投げたり、ダブルプレーや中継プレーをイメージした動きから投げたりと、状況を想定しながらキャッチボールをしています。

③ボール回し

野手陣は4人一組になり、15メートル×15メートルの正方形でボール回しをします。たとえば10周など、決められた数をいかに早くできるかを他の組と競います。

1セット終わるごとに、4人が集まってお互いのフォームなどについて指摘し合います。次のセットでは、指摘したことが修正できているかを点検し合います。

自分が正しい動きを理解できていないと、仲間に指摘できません。また、指摘すべき点を伝えるのがゴールではありません。「伝える」と「伝わる」は違います。「コントロールが乱れるのは、投げる手が頭から離れすぎているからだよ」などと具体的に伝えて、相手に課題を気づかせて、修正できるように導く。意識してできるようになったら、無意識でできるようにする。相手がそこまでたどり着いて、はじめて仲間を生かすことができます。

④正面打ち

太田高校のグラウンドは、他の部活動と共有です。センター後方ではサッカー部とハンドボール部、ライト後方ではラグビー部が練習しています。そこで、グラウンド全体を使う必要があるフリーバッティングは、時期によっては朝練習（7時15分から8時まで）でやっています。

放課後の練習で打撃練習の一つとしておこなっているのが、竹バットを使った「正面打ち」です。防球ネットを使用して4ヵ所もしくは5ヵ所で同時に打てるようにします。たとえばこの練習を30分間する場合、3人一組になって1セットを3分間で回すと、一人あたり3セット打つことができます。

グラウンドの一塁線側に打席を並べて、それぞれが投げ手に向かって打ち返します。

正面打ちは18.44メートルでおこなうトスバッティングの感覚でおこなう

三塁側のネットの外にはテニスコートがあり、外野の後方で他部が練習していますので、その方向に打球が飛ばないようにしています。

正面打ちは、トスバッティング（ペッパー）の延長。18・44メートルでおこなうトスバッティングという感覚です。距離を近づければ、速球対策にもなります。

投げ手の緩い球を引きつけて、8割から10割の力でセンター返しする。そのなかで、タイミングの取り方、体の使い方やバットの出し方などを確認しています。L字のネットへ「ワンバウンドで当たるように打ち返そう」「ノーバウンドで当たるように打ち返そう」などと、いろいろ試しながら、狙ったとおりの打球が打てるようになるのが理想です。

投げ手や順番を待っている選手は、打っている選手の打撃を点検・評価します。いいバッティングなら、「ナイスバッティング！」「いい打球だ！」と評価する。気づいた点があれば、「(投手側の) 肩が開いたぞ」「頭が突っ込んでるよ」「バットが遠回りしているぞ」と、指摘します。打撃フォームを動画で撮影することもあります。動画で確認すれば、フォームを客観視して、理想との差が把握できます。

フォームの良い点、改善すべき点、バットの軌道、クセなどをお互いに評価し合うことは、試合で対戦相手の打者の傾向に気づくことにつながります。練習で瞬時に評価することで、試合で配球やポジショニングなどがとっさに判断できるようになります。

⑤ブルペンでの投球練習

ブルペンでの投球練習では、「10球中8球以上」というように目標数値を決め。達成度を把握して成長につなげています。

スマートフォンで撮ってもらい、動画で自分のフォームを確認する

捕手や他の投手が、投げている投手のフォームを1球ごとに点検・評価して、「リリースが早かったよ」「しっかりカベを作って！」と指摘します。

練習の〝流れ〟をつかむ

1日の練習の間、ずっとやる気や集中力を保ち続けるのは難しいものです。そこで、練習と練習の「間」を取ります。

いったん〝脱力〟して、水分補給をしたり、次の練習の準備をしたりします。準備をするには、次のメニューで何をするか、道具は何が必要か、きちんと把握していなければなりません。そして、目的や注意点をしっかり確認し合い、「さあ、いこう!」と再び〝入力〟して臨む。それを繰り返しています。

野球の試合には序盤、中盤、終盤があり、流れがあります。練習も同じ。終盤になるにつれ、疲れてくると、こなすだけになってしまいます。そんな質の低い練習では、私立強豪校に追いつくことはできません。

主将、副将、裏主将と各部門のリーダーは、「評価の声が減ってきたな」「動きが緩慢になっているな」などと練習の流れを敏感に感じ取り、必要があれば「間」を取って、修正します。

試合では、攻撃に入る時にベンチ前で円陣を組みます。守備中にはけん制球を挟んだり、タイムを取ってマウンドに集まったりします。それと同じです。練習でもメニューとメニューの合間や、場合によっては途中で一時ストップして「集合」して、声を掛ける。それを突破口として声を増やしたり、集中力を高めたりして、悪い方に傾きかけた流れを引き戻します。

練習後のミーティング。活発に意見を交換してPDCAサイクルを回す

練習後のミーティングで検証する

練習が終わると、選手たちが輪になり、今日1日の練習の反省をして、明日以降の練習での修正点を確認し合っています。私はみんなの話を聴いて、最後に話します。

各部門のリーダーだけではなく、気づいた点がある選手は遠慮なく挙手をして発言するのですが、お互いに厳しいことを言い合っています。

言いたいことを言うからには、責任がともないます。言っていることと、やっていることに差がないようにしなければなりません。言うだけで、やらないと仲間にも失礼だし、自分に対して嘘をつくことにもなります。選手たちには「言うべきことを言って、やることをやるのが太田高校だよ」と話しています。

ウォーミングアップを野球につなげる

ウォーミングアップの一環として、「ラグビーボール」（ラグビーボールを使った鬼ごっこ）をすることがあります。

これは、体だけではなく、目と頭（脳）のウォーミングアップであり、鍛錬です。ただの遊びではなく、野球に不可欠な要素を学ぶためにやっています。

まず、学年やレギュラーかどうかなどには関係なく、約10人で1つのチームをつくります。太田高校は部員38名ですので、全員が輪になり、「イチ、ニ、サン、シ」の号令で4つのグループに分けています。仮にA，B、C、Dとすると、AとB，CとDのチーム対抗戦。対戦する2チームのうち、片方はビブスを着用します。

ラグビーボールを使用した鬼ごっこ。状況判断能力、サポート力、仲間への声掛けを身につける

　ゲームは、コートの広さによって2種類あります。

①10㍍四方のコート（時間は前・後半1分30秒ずつ）

　守備側（鬼側）と攻撃側（逃げる側）を決めて、両チームの全員がコートに入ります。守備側は仲間にラグビーボールをパスして回し、ボールを持った選手が攻撃側の選手にタッチすれば、アウトにできます。パスはどの方向にしてもかまいませんが、ボールを持った選手は歩いたり走ったりできません。ピポット（片足を軸足として固定して、もう片方の足を動かす）だけＯＫ

です。

攻撃側の選手は、ボールを持った選手にタッチされないように、逃げ回ります。アウトになったら、コートの外に出なければなりません。

開始前に30秒間の作戦タイムを設けて、守備側は「どうやってアウトにしていくか」、攻撃側は「どうやって逃げるか」を話し合います。それからホイッスルの合図でゲームスタート。1分30秒間で何人アウトにできるかを競います。前半が終了したら、アウトになった人数、つまりコートの外に出ている人数を数えて、攻守交代。また30秒間の作戦タイムの後、後半を開始します。

前・後半を終えて、外に出た人数が多かった方が負け。勝ったチームは、負けたチームに敗因をフィードバックしてあげます。「終盤は声が出ていなかった」「守備の時にボールを持った選手だけが動いていた」など、ポイントを2、3点に絞って伝えます。

②13㍍四方のコート（時間は前・後半1分ずつ）

ゲームの進め方は①と同じ。コートが広くなった分、ボールを2つ使用します。ルールも少し変わり、ボールを保持した選手は2歩まで歩いたり走ったりすることができます。

「ラグビーボール」のポイントは、状況判断能力、サポート力、仲間への声掛けです。その場その場で、自分の立ち位置や役割を瞬時に把握できているかどうか。そのうえで、仲間をサポートする動きや声掛けができているかどうかが問われます。

守備側の選手は、ボールを持っている選手だけが動いても、相手をアウトにはできません。「誰をアウトにするのか」という意図を持って、仲間同士で声を掛け合う。ボールを持っている選手は、味方にどう動いてほしいか、声で伝える。持っていない選手は、攻撃側の選手を追い込むように走りながら、「左へパスしろ！」などと要求する。こうしたチームの連携（共通の目的をもつ仲間同士が連絡を取り合い、協力し合うこと）や、連係（お互いが結びついて、一続きのものになること）が必要です。

攻撃側の選手も同じ。ボールを持っている選手からただ逃げ回るだけでは、自分はアウトにならないかもしれませんが、味方がアウトにされるかもしれません。ボールの動きはもちろん、まわりの選手の動きもよく見て、次のプレーを予測しながら「〇〇、右が空いてるぞ！」などと仲間に声を掛けなければなりません。

　仮に自分がアウトになっても、それで終わりではありません。野球で言えば、ベンチにいる時と同じ。プレーはできなくても、仲間を助けるために、自分は何をすべきなのか。コートの外からのほうが見えることもあるはずです。「ナイス！」と評価する。「目を離すな」「しっかりキャッチしろ」と指摘する。声で仲間をサポートする。苦しい時に励ましてあげる。弱気になっている時に勇気づけてあげるなど、できることはいくらでもあります。

　このゲームで養われる状況判断能力、サポート力、仲間への声掛けは、すべて野球につながります。野球は「ボールから目を離すな！」と言われると同時に、ボールだけを見ていてもいけないスポーツ。当事者（ボールを持ってプレーしている選手）以外の選手が、いかに当事者意識を持って、プレーにかかわるか。試合に出ている9人だけではなく、ベンチにいる全員がプレーに集中できるかが勝敗を分けます。

　つまり、チーム全員が、勝利のために働けているか。「働く」という字は「人が動く」と書きますが、ただ自分が動くだけでは足りない。人のために動く、人を動かすことが

「働く」ということです。

この「ラグビーボール」に限らず、練習中も試合中も、自分の力を発揮するだけではなく、仲間の力を最大限まで引き出すことを大切にしています。

他者視点を持つ

練習では、自分のポジションだけではなく、他のポジションを守らせることがあります。

これは、視点を増やすため。投手が捕手として球を受けてみれば、捕手がワンバウンドを止めるのがどれだけ大変か、わかるでしょう。捕手が投手としてマウンドに立ってみれば、どんな声を掛けてもらえれば助かるのか、気づくでしょう。内野手が外野を、外野手が内野を守ってみれば、どういうポジショニング、カバーリングをすればいいのか、お互いの理解が深まるでしょう。

自分だけの視点ではなく、他者の視点、もっといえば全体を俯瞰する視点を持つことができるかどうか。アンテナを立てて、どれだけ敏感に相手の気持ち、動きなどを察知できるか。野球の試合では、攻撃であれば狙い球や作戦の根拠になるでしょうし、守備なら配球やポジショニングの根拠になります。

練習で仲間のプレーを評価し合うことは、試合での相手の分析につながります。たとえば、相手のバッターを見て「投手側の肩が開いているな」と気づけば、配球やポジショニング、打球判断などに生かせます。

野球は、0・1秒で走者が約70センチ進むスポーツです。たった1メートルの守備位置、たった一瞬の判断など、紙一重の積み重ねが勝敗を分けます。私立強豪校との対戦で投打の技術力の差を埋めるには、観察、点検、準備などできることをしっかりやるのが大前提です。練習でそれができないのに、試合でできるはずがありません。

8つの「り」でお互いにかかわり合う

太田高校では、8つの「り」を大事にしています。目配り、気配り、心配り、言葉配り、思いやり、先回り、役割、メリハリです。

「目配り」は、まわりを見て、細かなことに気づき、評価したり指摘し合ったりすること。無意識にできるようになれば、たとえば試合で仲間のちょっとした力みや焦りに気づいて、声を掛けて修正することができます。

「気配り」は、相手の視点でものごとを考え、行動すること。試合では、相手の心理を読むことにつながります。

「心配り」は、仲間に寄り添うこと。どうすれば仲間がうまくなるか。どうすればチームがよくなるか。自分のことだけを考えるのではなく、仲間やチームにかかわることで、チームが結束して、一体感が生まれます。

「思いやり」は、仲間を思う心。仲間とのコミュニケーションを深めます。

「言葉配り」は、仲間に敬意や評価（できている、できていない）が伝わるようにすること。「伝えた」だけでは、一方通行。相手が理解できてはじめて、「伝わった」と言えます。そのためには「どうすれば伝わるか」を考え抜かなければなりません。

「役割」は、自分の立ち位置を考えること。自分の長所は何か。それを生かして、どういう選手になればいいのか。自分はチームのために、何ができるのか。自分は今、チームから何を求められているのかなどを考えます。全員がエースや四番では、チームは成り立ちません。ポジションや打順、ベンチ入りメンバー、ベンチに入れない選手のそれぞれが自分の役割を果たさなければなりません。

「先回り」は、準備や予測、判断のこと。私立強豪校を相手に、同じスタートラインから「よーい、ドン」で走り出したら、勝てません。勝負どころのプレーでは、「読み」や「張り」で相手よりも先回りすることが必要です。

「メリハリ」は、集中力。心のスイッチの「ON」「OFF」をしっかりすることで、質を高めます。試合、イニング、打席への入り方や、流れが悪い時の気持ちの切り替え方などにつながります。

練習中はもちろん、日常生活から8つの「り」を大事にして、仲間同士で高め合う環境をつくり、家族のようなかかわり合い（かかわり愛）をもってほしいと願っています。

自主性の先にある主体性を求めて

ＰＤＣＡサイクル、シートやノート、４つの声、８つの「り」などの取り組みを通して求めているのは、自主性の先にある「主体性」です。

自主性とは、言われなくても行動すること。主体性とは、何を、どうやるかを考えて、行動することです。

以前は「選手が主体となってチームをつくってほしい」と願いながらも、最終的には私がやってしまっていました。私が必要だと考える練習を課したり、課題をこちらから指摘したりと、選手に任せるまでには至っていませんでした。

それが変わったきっかけは、コロナ禍の経験です。活動を制限せざるを得ないなかで、選手たちが主体的に考えて、取り組んでくれていました。私はその姿を見て、「これが本来のあるべき姿だな」と思いました。そこからは、何をどうするか、選手に任せるようになりました。

任せるとはいっても、高校生にはまだ見えない部分もありますから、私は横や後ろから見守ります。普段の対話のほか、シートやノートを通して選手の考えや価値観を知る。選手に私の考えや価値観を伝えて、理解してもらう。お互いのコミュニケーションを深めたうえで、「何をしたいのか」「どうしたいのか」を投げかけて、自分たちで考えるように促す。「なぜ?」と問いかけながら、PDCAサイクルを回して、目標達成に導く。これからも、そんなスタンスで選手たちと接していきたいと考えています。

群馬県立
太田高校

部員数:38名
グラウンド:左翼90メートル。中堅120メートル(中堅後方はサッカー部とハンドボール部、右翼後方はラグビー部と共用)
平日の練習時間:16時15分から19時
主な戦績:夏の群馬大会の最高成績は4強(計4回)。近年では2021年の春と夏に県4強。同年秋には県8強入りして、22年センバツ21世紀枠の関東地区候補校に選ばれた。

第3章

体づくりを重視して上のステージを目指す選手を育成する

私立武田高校　岡嵜雄介 監督

PROFILE

岡嵜雄介 監督

1981年7月19日生まれ。広島県出身。広島県立広島商業高校では主に内野手としてプレー。神戸学院大では外野手に転向。社会人チーム・ワイテックを経て、ショーケーストライアウト受験のため渡米。2006年に四国アイランドリーグの徳島インディゴソックスに入団。2007年限りで現役を引退。広告代理店勤務を経て、佛教大学通信教育部、日本大学通信教育部で高校情報科の教員免許を取得。2011年度より立命館高校（京都）に赴任した。2012年のインターハイではホッケー部の監督として8強入り。学生野球資格回復により、2013年4月から同校野球部でコーチを務めた。2014年4月に武田高校に赴任。野球部副部長、部長を経て、2015年7月より監督に就任した。

上のステージを目指す選手を育成する

野球選手の成長のピークは、何歳でしょうか?

私は25歳から先も、まだまだ伸びると考えています。

甲子園だけが目標なら、高校3年の夏をピークに設定してもいいかもしれません。でも、選手にはその先があるはず。高校3年の夏で野球人生を終えるのではなく、上(大学、社会人、プロ)のステージを目指してほしい。監督に就任した2015年7月から、その思いで選手を育成しています。

武田高校は、男女共学の進学校です。2007年に創部した野球部は、建学の精神である「世界的視野に立つ国際人の育成」を目的に活動しています。愛称は「Zebra」。Zebra(しまうま)には、特別な力やスピードがあるわけではありません。しかし、アフリカの原野の劣悪な環境下で、協力して生活を守り続けています。しまうまのように全部員が堅く団結して、人として、選手として成長してほしいという願いを込めました。

広島県内での最高成績はベスト4（2020年夏の独自大会）。全国レベルの実績はありません。それでも上のステージへ多数の卒業生を送り出しています。

2019年の育成ドラフトでは谷岡楓太がオリックスに入団。22年の育成ドラフトでは内野海斗が福岡ソフトバンクに入団しました。大学にも多数が進学しています。

2023年の大学選手権に出場した大学を例に挙げると、優勝した青山学院大、日本体育大、富士大、高知工科大、西南学院大で卒業生が野球を継続しています。

もし私が大学で選手をスカウトする立場にいるとしたら、粗削りでも、体が大きくて、速い球が投げられて、足が速い選手に来てほしい。そういう選手を多く輩出するのが、私たちのやるべき育成だと考えています。

高校の3年間で体をしっかりつくっておけば、上で勝負できます。もちろん技術も大事ですが、高校を卒業する時点で「速い球を投げる」「速い打球を打つ」「速く走る」といった〝幹〟の部分があれば、技術という〝枝葉〟は後からでも伸びていきます。枝葉はあっても、幹ができていないと、上の世界でステージに上がれるかどうか、わかりません。

たとえば、球速が130キロ前後の投手に「外角低めギリギリへ投げろ」と、コントロールを磨くように指導したとします。高校ではそれなりに通用するかもしれません。彼が本当に甲子園に行くことだけを目指しているなら、それでもいいでしょう。

しかし、彼が「野球を続けたい」と思って大学へ進んだ時、リーグ戦で通用するでしょうか？　いくらコーナーを狙って投げても、打者のレベルが上がれば、130キロ程度の球では簡単に打たれてしまいます。

「あれ？　高校までは打たれなかったのに……。やっぱり球速を上げなきゃいけないな」と気づいてからトレーニングを始めたら、3年間を体づくりだけで終えてしまうかもしれません。そこから4年生のラストシーズンで活躍できればいいのですが、なかなか難しいのが現実です。4年間ベンチに入れなくても頑張って続けるとか、チームを支える側に回るのにも大きな価値はあると思います。ただ、技術はあるけれど、体ができていないために、大学で埋もれてしまっている選手はたくさんいるのではないでしょうか。やはり順番としては、幹が先なのです。

私は上のステージを目指せる選手が何人も出るように、しっかりした幹を育てていきたいと思っています。

「140キロライン」を目指せ

武田高校の平日の放課後の時間は、50分間です。選手たちは16時55分頃からグラウンドに出てきますが、18時から学校の寮の夕食が始まるため、17時45分頃には練習が終わります。1日の授業が始まる前に7時30分から8時5分まで朝練習がありますが、これを合わせても85分です。

短時間なので、1日にいくつもの練習メニューに取り組むのではなく、「今日の朝は打撃練習」「今日の放課後はトレーニング」というように、1回の練習でやることを絞っています。

そのなかで、「速い球を投げる」「速い打球を打つ」「速く走る」といった上のステージを目指せる選手を育成するために、体づくりを重視して、ウエイトトレーニングや瞬

練習メニュー

<table>
<tr><th></th><th>月</th><th></th><th>火</th><th>水</th><th>木</th><th>金</th><th></th></tr>
<tr><td rowspan="4">朝</td><td rowspan="4">OFF</td><td>A</td><td rowspan="2">トレーニング</td><td rowspan="2">バッティング</td><td rowspan="2">オレンジB
第3鳥かご
1on1</td><td rowspan="2">バッティング</td><td rowspan="6"></td></tr>
<tr><td>B</td></tr>
<tr><td>秋A</td><td rowspan="2">野手:
鳥かご
オレンジB
1on1
投手:
トレーニング
1on1</td><td>トレーニング
投手:
バッティングP</td><td rowspan="2">レフト以外で
自主練</td><td>トレーニング
1on1</td></tr>
<tr><td>秋B</td><td>トレーニング
1on1</td><td>トレーニング
P:バッティング
P</td></tr>
<tr><td rowspan="3">昼</td><td rowspan="3">全員MTG</td><td>3年</td><td rowspan="2">MTG</td><td>グランド整備
練習準備</td><td rowspan="3">選手間
MTG</td><td rowspan="2">MTG</td></tr>
<tr><td>2年</td><td rowspan="2">MTG</td></tr>
<tr><td>1年</td><td>グランド整備
練習準備</td><td>グランド整備
練習準備</td><td>17時
以降</td></tr>
<tr><td rowspan="4">放課後</td><td rowspan="4">清掃</td><td>A</td><td>ウエイトｔｂｔ</td><td rowspan="2">ランナー付き
投内
↓
プルダウン</td><td>瞬発ｔｂｔ</td><td rowspan="2">走塁シートノック</td><td rowspan="2">トレーニング</td></tr>
<tr><td>B</td><td>瞬発ｔｂｔ</td><td>ウエイトｔｂｔ</td></tr>
<tr><td>秋A</td><td rowspan="2">ランナー付き
投内
↓
プルダウン</td><td>ウエイトｔｂｔ</td><td rowspan="2">ランナー付き
投内
1on1
↓
トレーニング</td><td>瞬発ｔｂｔ</td><td rowspan="2">バッティング
1on1</td></tr>
<tr><td>秋B</td><td>瞬発ｔｂｔ</td><td>ウエイトｔｂｔ</td></tr>
</table>

2023年5月の週間スケジュール。練習計画の大枠は、シーズンごとに作成される。メニューの詳細は遅くても前日には決まり、WEB上で共有される
[注]ｔｂｔ＝タバタトレーニング

発力を高めるトレーニング、柔軟性や身体操作性を高めるトレーニングに時間を割いています。

　トレーニングについては、トレーナーの高島誠さんに指導をサポートしていただいています。高島さんは、私の高校時代（広島県立広島商業高校）の2学年上の先輩です。オリックス、ＭＬＢのワシントン・ナショナルズでトレーナーを歴任され、武田高校のある広島県東広島市内に『MAC's Trainer Room』を開設しておられます。近年では山岡泰輔投手（オリックス）らのパーソナルトレーナーとして手腕を発揮されていますし、著書も多数あるので、ご存知の方も多いでしょう。

　高島さんは球速ごとに到達に必要な指標を「○○キロライン」として設定しておられます。たとえば「１４０キロライン」は、「10メートル走1秒75」「メディシンボールスロー（５kg）12メートル50」「ベンチプレス80kg×10回」「プルダウン（10メートル助走からの球速）１５０キロ」といった数値や、「股割り」などの柔軟性です。

　武田高校では、投手に限らず、野手も１４０キロラインを目標にして体づくりをしています。入学してくるのは、中学時代に実績のある選手や潜在能力の高い選手というわけ

ウエイトトレーニングだけではなく、瞬発力、柔軟性、身体操作性を高めるためのトレーニングにも力を入れている

ではありません。それでも、体づくりを重視して練習した成果で、１４０キロを超えた投手は２０１７年から現在までで約20名を数えます。前述の谷岡は、中学時代は軟式クラブチームの4番手投手でしたが、卒業時には１５２キロを記録するまでに成長しました。投手の場合、もし１４０キロの球を投げられるのであれば、自分に可能性を感じて「上で続けたい」と思うでしょう。

野手が１４０キロラインを目指す理由

野手にとっても、１４０キロの球を投げられれば、チャンスが広がります。

内野手はゴロをグラブで捕球できなくても、体で止めて、拾ってから速い球を投げればアウトにできます。逆に、どれだけ上手にグラブでさばいても、送球より走者の方が速ければ、セーフになってしまいます。極端に言うと、野球とはそういう競技なのです。その意味で「捕る」よりも「投げる」が優先だと考えています。

打球速度に関するラインもありますが、私がこれまで選手たちを見てきた実感として

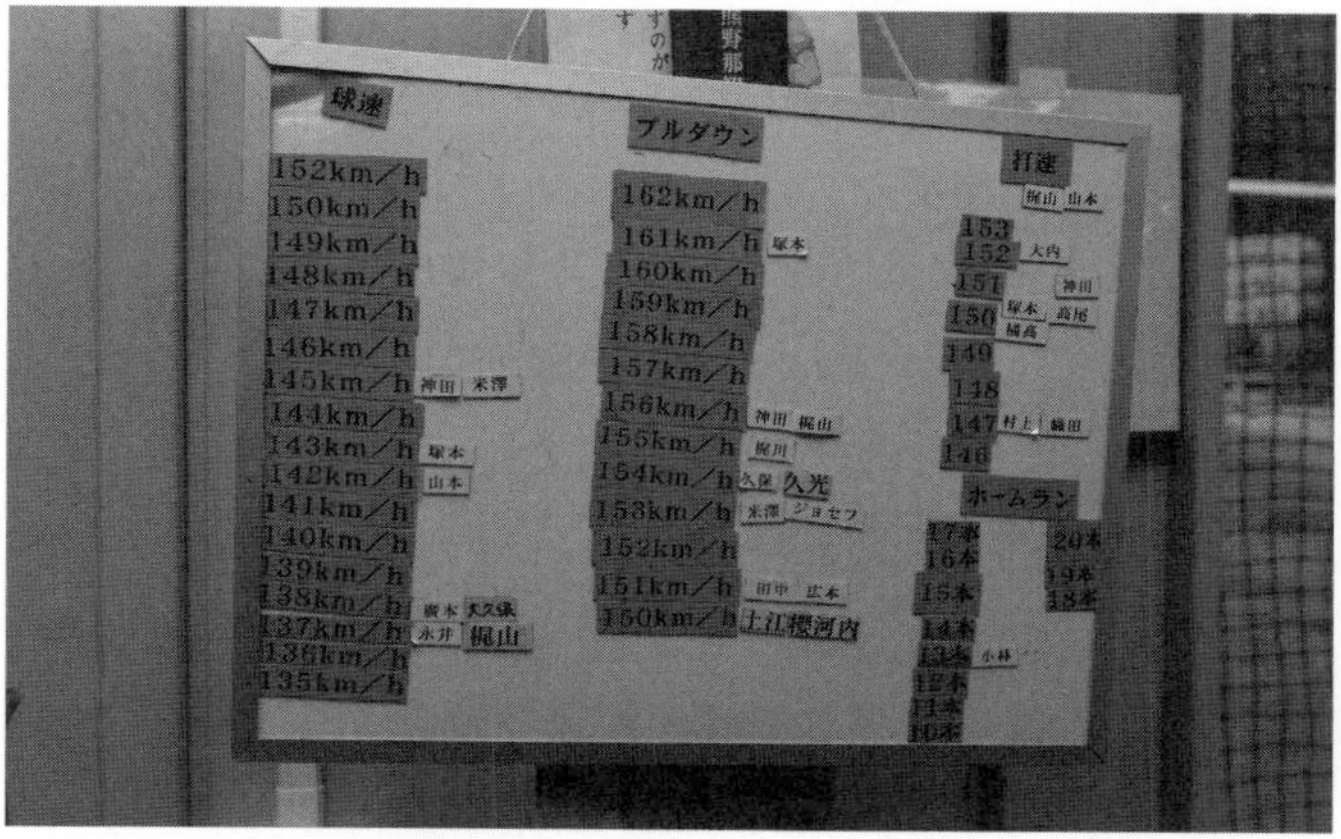

「球速」「プルダウン」「打球速度」は誰がどこまで到達しているかが一目でわかるようにしている

は、１４０キロラインを目指して体づくりをすれば、比例して打球速度も上がっていきます。

バッティングでは、打球速度が大きなカギを握っています。当然ながら、打球速度が速ければ速いほどヒットになる確率は上がります。理論上、ホームランになりやすいのは打球角度が26度から30度の打球ですが、これは「打球速度が１５８キロを超える」という条件つき。打球速度が遅ければ、いくらこの角度で打球を打っても、外野フライにしかなりません。

私は、選手たちを１４０キロラインに到達できるように導いて、一人ひとりの可能性を高めてあげたいと考えています。

チーム運営を常にバージョンアップする

上のステージを目指す選手を育成する。そのために、体づくりを重視する。この根本は変わりませんが、そこへのアプローチのしかたは、最も効果的なものを求めてバージョンアップしています。

その一つが、練習の運営方法です。以前は部員数が少なかったこともあって、練習メニューの一つひとつにコード番号（練習コード）をつけて、一人ひとりと面談したうえで取り組むメニューを決めていました。しかし、人数が増えたこともあって、現在は形を変えました。チームをA、B、秋A、秋Bの4つに分け、グループごとに練習しています。

3年生はAかBに所属するようにしています。「秋」は、「新チームになったら」という意味です。

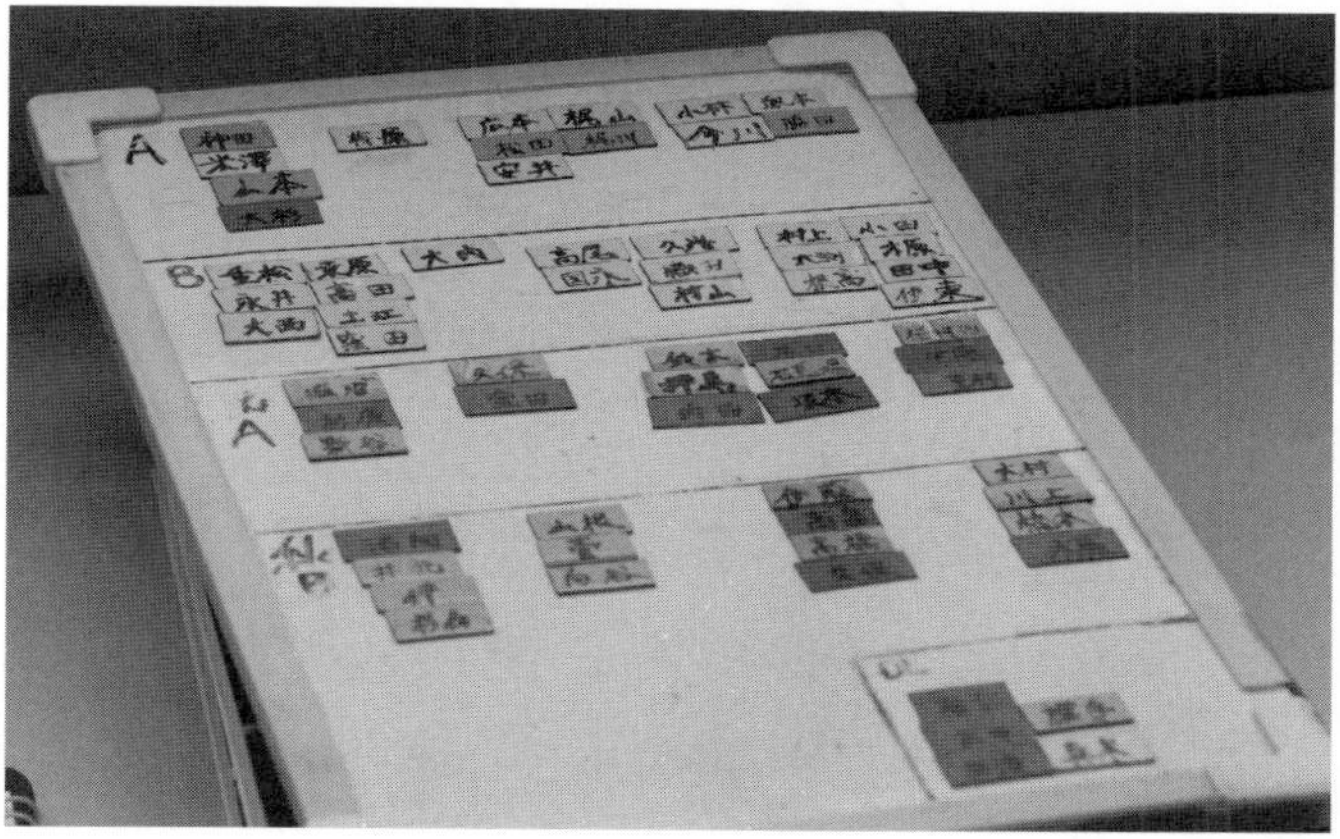

実力によるグループ分け。週ごとに入れ替わりがある

グループは実力で分けていますが、週ごとに変動する可能性があります。「Aに入ったから安心」でも、「いったんBに落ちたら、上がれない」でもありません。毎週のようにメンバーが入れ替わることで、新陳代謝が起こり、チームが活性化します。

本来なら、秋Aは「C」、秋Bは「D」という呼び方をするのでしょうが、もし自分が「君はCだよ」「君はDだよ」と言われたら、やる気が起きませんよね？ 呼び方が変わるだけで、今を過ごす気持ちがまったく違ってくると思うので、「秋A」「秋B」と呼んでいます。

秋の大会が終わってオフシーズンになる

と、チームの分け方を変えています。２０２２年は学年、実力を混ぜて5グループに分け、グループごとに指導者（コーチ陣）をつけて活動していました。

年間を通してグループを実力のランクで分けると、その差が開いていってしまいます。そこで、オフシーズンは実力のある人と、まだ実力が足りていない人がいっしょに練習するようにしています。そうすると、先輩が後輩に教えたり、できている人ができていない人に教えたりして、実力が足りていない人を引き上げるようになるので、チーム全体が底上げできます。

チーム運営に「これが完成形だ」「これが武田流だ」というものはありません。毎日スタッフ会議を開き、情報や意見を交換しながら、常によりよい形を探しています。

数字はシビア

武田高校では、１４０キロラインを基準にして、40項目の数値を2週間に1回のペースで測定しています。

測定40項目

①身長
②体重
③体脂肪
④除脂肪体重
⑤50m走タイム
⑥27m走タイム/27m走3回平均
⑦10m左/10m右
⑧10m左3回平均/10m右3回平均
⑨立ち幅跳び/立ち幅跳び3回平均
⑩立ち3段跳び/立ち3段跳び3回平均
⑪バウンディング/
バウンディング3回平均
⑫カンガルージャンプ/
カンガルージャンプ3回平均
⑬フロントメディシンボールスロー/
フロントMS3回平均
⑭メディシンバックスロー/
メディシンBS3回平均
⑮メディシン横左/メディシン横右
⑯メディシン横左5回平均/
メディシン横右5回平均
⑰メディシンプッシュ左/
メディシンプッシュ右
⑱メディシンプッシュ左5回平均/
メディシンプッシュ右5回平均
⑲逆立ち
⑳股割り
㉑ブリッジ
㉒オーバーヘッドスクワット
㉓外旋
㉔プルダウン/プルダウン5回平均
㉕マウンドスロー/
マウンドスロー5球平均
㉖打球速度/打球速度5回平均
㉗キャッチャーセカンドスロー/
キャッチャーセカンドスロー
5球平均
㉘投手クイックタイム
㉙サッカーボールキック球速
㉚牽制スロー球速
㉛ワンステップスロー球速
㉜フロントスクワット10回
㉝デッドリフト10rm
㉞ベンチ10rm
㉟クリー10rm
㊱セーフティーバースクワット
㊲ローテーション懸垂
㊳ベントオーバーローイング10rm
㊴ザーチャースクワット10rm
㊵BOXジャンプ10回連続

【測定40項目】2週間に1回のペースで測定する

数値を計測すると、2週間のトレーニングの成果が数字として出ます。どれだけ成長したか、どこが足りていて、どこが足りないのかなどが、明確に把握できます。数値の計測は必要だと思っていても、なかなか実施できません。武田高校では、年間のスケジュールを計画する際に、まず2週間に1回の測定日の予定を入れます。それから練習試合の日程や練習スケジュールを組んでいきます。それほど測定を重視しています。

数字はシビアです。指導者にとっては「今のはいい投げ方だよ！」と感覚で評価するほうが楽かもしれませんが、数字はそうはいきません。どれだけトレーニングを頑張っても、数値が上がっていなければ、「成果が出ていない」となってしまいます。

武田高校の選手たちは、プルダウンの数値でお互いを認め合っています。この数値は、持って生まれたセンスだけでは、出せません。トレーニングをやったものだけが、出せる。だから、いい数値を出した選手が認められるのです。

数字の厳しさは、誰もが知っているはずです。たとえば、ビジネスでは、営業マンはどれだけ頑張っても、業績を上げなければ評価されません。「今日は朝から元気に『行ってきます！』って出かけて、得意先を10社も回ったから」と満足することはないでしょう。入試でも、毎日どんなに猛勉強していようが、入試で点数が足りなければ不合格になります。頑張った分だけ点数を加算してくれることなど、ありません。でも、高校野球に限っては、試合で負けても「一生懸命頑張ったから」と、満足していませんか？

私としては、試合に負けて泣くよりも、目標値をクリアできなかったから悔し涙を流すくらいになってほしいと思っています。

メソッドの先に工夫が必要

世の中には「たった〇日で□□ができる」とか「必ず夢が叶う」というメソッドがあふれています。たとえば、「絶対に東大に受かる」というメソッドがあるなら、それをやった全員が東大に合格できているはずです。でも、そうはなりませんよね？　ということは、そのメソッドの先に、人それぞれの工夫が必要なのです。難しいですが、そこを突き詰めなければなりません。

私たち指導者の仕事は、選手たちを目標達成に導くこと。そのために、「何を、どうやるか」を工夫するのが大事です。

140キロラインも、どうやるかがポイント。私は、「いつまでに達成するか」を設定するのが重要だと考えています。1年生の10ヵ月間、つまり入学した翌年の1月までに達成できるように、チャレンジしています。

2023年に入学した部員は15名です。この15名が同じ時期に同じことをしたら、同じように成長するわけではありません。それだと達成できない選手が出てきたり、もっと伸びるはずの選手の成長を妨げたりしてしまうかもしれません。

そのため、一人ひとりと個別に面談して、「目標に対して、現在地はここだよ」「これをやったほうがいいよ」と指導しています。いつ、どのくらいまで到達しているか。それに合わせて、やるべきことは異なります。取り組むトレーニングの種目は同じでも、達成度によって負荷（重量など）が変わる場合もあります。それを細かく設定するところが、メソッドの先の工夫です。

高島さんは「130キロライン」から「150キロライン」まで5キロ刻みに基準を提示されていますが、武田高校では独自に「125キロライン」を作成しています。選手は

125キロからスタートして、クリアしたら次のラインを目指します。そうすることで、1年生の速い時期から「達成する」とはどういうことかを学ばせています。

それぞれのラインで、達成率を出しています。「125キロラインはクリアできたけど、130キロラインに対しては、まだまだな。もっとやらなきゃ」と、明確にわかります。

2週間に1回の測定は、受験勉強でいえば模擬試験のようなもの。模試を受ければ、それぞれの科目の点数と、志望校の志望学部に対する合格判定が返ってきます。「○○大学の□□学部に合格したいなら、1年生のこの時期にはこのくらいの成績が必要。3年生のこの時期にはこのくらいの成績が必要」というガイドラインがあり、それに沿っていけば、合格の確率が上がります。

それまでE判定だったのに、急にA判定が出るようなことは滅多にありません。成績が多少上がったり下がったりしながら、右肩上がりのグラフを描きます。高校3年の冬の入試本番だけに合わせようとしても、合格できません。

野球でも同じ。2週間に1回、数値を測定することで、「今、自分がどこにいるか」がわかります。「140キロを投げたいなら、この時期にこの数値がこれくらいあればいい」というガイドラインに沿って、成長曲線を描けるように指導しています。

トレーニングでチームワークを深める

現在地を把握してモチベーションを上げるために、全部員の数値のランキングを出しています。これは本人だけではなく、保護者のみなさんにも見ていただけるようにしています。個人の達成率だけだと「未達成でも、まあいいか」となりますが、ランキングが出されると、そうはいきません。

勉強でも、以前はクラス内、学年内の成績が教室や廊下に張り出されていましたよね？「何人中の何位だ」と思い知らされて、「今のままじゃヤバイ」「こんなに下位にいるのはイヤだ」と、お尻に火がついていたと思います。それと同じ効果を狙っています。そうやって下位のランクにいる選手の数値が上がると、チーム平均値の押し上げにもつながります。

トレーニングは個人を伸ばす練習ではありますが、同時にチームワークを深めること

ハードなウエイトレーニングに取り組む選手たち。アップテンポのBGMが流れていて、選手同士が大きな声を掛け合っている

にもつながっています。

まず、１４０キロラインという明確な目標があります。基準値のチーム平均を設定して、みんなでそれを達成しようと、お互いに励まし合います。

たとえば、プルダウンを測定する時は、まわりの選手が「がんばれ！」と応援して、いい数値が出たら喜び合っています。

普段のトレーニングも、かなりハードです。一人で黙々と取り組むというより、「あと少し！」「いけるよ！」などと仲間同士で元気に声を掛け合いながら、みんなで限界を乗り越えようとしています。

年間500打席を経験させる

メジャーリーガーのロナルド・アクーニャＪｒ選手（アトランタ・ブレーブス）は、マイナーから3年でメジャーへ駆け上がりました。彼はその3年で約１５００打席に立ったそうです。

高校生の打者が成長するには、打席数が大事です。武田高校の選手たちには、打席での経験を積んで、上のステージへ進んでほしい。そこで、私は1年間に５００打席を経験させています。

どうしたら、年間５００打席を実現できるか。公式戦や練習試合だけでは足りません。オフシーズンには部内でリーグ戦を実施しているほか、普段の打撃練習で「１ＯＮ１」（ワン・オン・ワン）を取り入れています。打撃ケージの中でおこなうものも含めますが、投手対打者が18・44メートルで実戦と同じように対戦するものです。

１ＯＮ１では、球速をスピードガンで計測したり、打者のフォームを動画で撮影したりしながら、データを蓄積しています。結果としてヒットだったかどうかは問いません。とにかく打席に立ち、そこで出た課題をクリアしていきます。

指導者はケージの後ろから見ていて、気づいた点を話します。たとえば、打者と狙い球の絞り方について話したり、捕手と配球の話をしたりします。練習試合や紅白戦ではプレーが流れてしまうので、こういう話ができません。1ON1なら、「ちょっと待って！」とプレーを止めて、話すことができます。

マシンを使った打撃練習や近距離から投げた緩い球を打つ練習などもしますが、これらは年間の打席数には含みません。あくまでも18・44メートルで投手と真剣勝負した打席だけを数に入れています。

打者が気持ちよく打つだけのフリーバッティングはしていません。試合では、投手は「打たれてなるものか！」と投げてくる。打者が気持ちよく打てるシーンは皆無です。試合と真逆のことを練習しても、意味がないと考えています。

「先生」ではなく、「コーチ」になる

選手一人ひとりとの面談では、選手が構えずに本音を話せるように心がけています。以前は面談する場所を設定して、机を挟んで話していました。でも、それだと選手は「先生に呼び出しを受けた」と感じて、本音を話してくれません。大人と面と向かって1対1になると、どうしても構えてしまい、本音を隠してしまいます。それどころか、大人が喜びそうなことも言いがちです。それでは意味がありません。そこで、私は練習中にその選手のそばに寄って、メモを取りながら立ち話をする形にしています。

私は、グラウンドでは「先生」ではなく、「コーチ」でいるべきだと考えています。「先生」だと、どうしてもリスクマネジメントを第一に考えてしまうので、「これをしたらダメだ」と言ってしまいます。「コーチ」としては、選手を枠の中に納めようとするのではなく、成長させる思い切りが必要です。

教壇に立っている時は「教える」のが仕事ですが、グラウンドでは「あえて教えな

い」ほうがいいと感じています。

練習時間が短いので、以前は焦るあまり、先に答えを教えていました。ところが、それでは何も育ちませんでした。何より、部員たちが楽しそうではありませんでした。

今は、「この動きをしていたら、ケガをする」といった危険がある場合を除いて、選手が訊きにくるまで教えないようにしています。

答えを欲していない時に教えても、伝わりません。選手が「うまくいかないな。どうしたらいいんだろう？」という時に、手を差し伸べています。

選手に「ああしろ」「こうしろ」とは言いません。それを言ってしまうと、言われたことしかしなくなります。普段は「自分で考えなさい」と言っておいて、いざという時に「こうしろ」と答えを押し付けてしまうと、自分で考えなくなってしまいます。大事なことを言わずにガマンするのは難しいのですが、大事なことこそ自由にやらせたほうが、選手たちが自分で答えを導きだそうとします。

選手たちの答えが正しいかどうかは、数字が語ってくれます。測定した結果を見れば、今のままでいいのかどうか、一目瞭然です。間違っていたら、直せばいい。だから、コーチとして、選手が聞く耳を持つ時まで何も言わずにじっと我慢して待っています。

指導者は学び続けなければならない

コーチの役割を果たすには、指導者が学び続けなければなりません。一つのテキストを元にずっと同じことを教え続けるのは楽です。でも、今の世の中では、新たな理論や考え方、練習方法などがどんどん生まれています。昨年と同じ、もっと言えば昨日と同じことをしているだけでは、進歩がありません。指導者が学び、より良いものを探して指導方法やチーム運営のしかたをアップデートさせてはじめて、目の前にいる選手を目標に導くことができます。

私は2006年から2年間、四国アイランドリーグの徳島インディゴソックスで外野手としてプレーしました。現役を引退後に通信教育で高校情報科の教員免許を取得し、2011年から立命館高校（京都）に赴任しました。当時は「プロアマ規定」で2年間は野球部の指導ができなかったため、男子ホッケー部の顧問となりました。

そこで他競技を学んだおかげで「野球はこうでなければならない」という固定観念から離れ、自由な視点でものごとを見るようになりました。規定によって野球を外から見ざるを得なかったのですが、私にとってはこの経験が大きかったと思います。

私は「この人の話を聴きたい」と思うと、すぐに出かけて行きます。毎日、指導陣同士で話していて、若いコーチたちに私が知らないことを教えてもらっています。練習が休みの日があり、放課後の練習も早く終わるので、そうした時間が取れています。指導者自身が学ぶ時間がたくさんある。これも短時間練習の大きなメリットです。

ボイスメモでコミュニケーションを深める

選手とのコミュニケーションには、ボイスメモを活用しています。

私から選手に伝えたいことがある場合、スマートフォンを使って録音して、音声データを送ります。たとえば、試合中に言ったことについて、後から「あのプレーについては、こういう意味で言ったんだよ」と背景を補足することもあります。

試合後や1日の練習が終わった時にみんなを集めて話すこともありますが、それだと聴き漏らしたり、内容が頭に残らなかったりします。選手たちはボイスメモを空き時間に聴いたり、洗濯をしながら〝ながら聴き〟したりして、伝えたかったことを理解してくれています。

選手たちも、個人が話したことや、選手だけで開いたミーティングのボイスメモを私に送ってくれます。私は、それを通勤中に聴き、お互いの理解を深めています。

放課後の練習時間が短いと、こちらの考えを伝えたり、選手の考えを聞いたりする時間はどうしても取りにくい。ボイスメモはいつでも、どこでも確認できるので、とても便利で、効果的です。

効率ではなく、効果を求める

放課後の練習時間が50分しかないのですが、「時間がない」ということにとらわれすぎないように心がけています。

もちろん、合間の時間を少しでも短縮したい気持ちはあります。以前は「グラウンドまでの移動は全力でダッシュ」など、細かなことを言っていました。

ただ、ルール化してしまうと、本当の姿が見えなくなります。「ルールだから」といって全力でダッシュするのは、本質から逸れます。

こちらが「時間を大切にしなさい」と言うよりも、選手自身が「時間は大切だ」「時間がもったいない」と感じたほうが、タイムマネジメントの本質がわかるでしょう。こちらからアレコレ言わなくても、グラウンドまで走って出てくる選手が多い時は、チーム力が高い。今は選手たちのそういう姿を、じっと見ています。

「野球選手のピークは25歳から」という考えが根本にあります。高校生が大学まで野球を続けるのであれば、時間は7年間ある。7年という長期計画で考えれば、自分で考えて失敗を早く経験して、軌道修正したほうがいいこともあります。

効率を重視しすぎて、指導者が簡単に答えを教えるよりも、選手が自分で考えてやってみる。成功したら、それでよし。失敗したら、そこから学ぶ。遠回りのようで、これが一番の近道なのではないでしょうか。

「カウンターベースボール」を貫く

武田高校野球部の取り組みを数々のメディアで取り上げていただき、「わずか50分の練習で……」と注目されました。その話題が先行して、何か秘策があるように思われているかもしれませんが、実は発想の転換をしているだけ。本書でお伝えしてきたとおり、やっていること自体はそれほど特別なことではありません。

育成と体づくりを重視していますが、技術を軽視しているわけでも、「勝てなくてもいい」と考えているわけでもありません。甲子園を目指して高校3年の夏をゴールに設定している高校を否定するつもりも、まったくありません。

ただ、みんなが同じ価値観を持つのではなく、異なる価値観を持つ高校があってもいい。進学先の高校の選択肢の一つとして、武田高校野球部のような存在があってもいいのではないかと考えています。

私たちは、「カウンターベースボール」を標榜しています。「カウンター」には、「真逆の」という意味があります。王道があるからこそ、その真逆がある。王道を批判したり否定したりするのではなく、認め、尊敬してはじめて、カウンターが成り立つのです。たとえば、老舗に対して、新しいお店を出すようなもの。新しいお店は、お客様にとって新たな選択肢となります。一方で、新しいお店ができたことで、老舗の良さをあらためて感じる方もいるでしょう。新しいから正しいというわけではありません。生徒たちに、自分とは違う価値観を否定する大人になってもらったら困ります。考え方には多様性があり、それぞれの特色がある。お互いに尊重し合うことが大事です。

その意味で、カウンターとは、新たな価値観で新たな道を切り開くこと。カウンターベースボールを追求して、貫いていくことが、建学の精神である「世界的視野に立つ国際人の育成」につながると考えています。

【参考文献】
「革新的投球パフォーマンス」高島誠著（日本文芸社）

私立武田高校

部員数:73名(うちマネジャー5名)
グラウンド:両翼95メートル、中堅120メートル(女子ソフトボール部、陸上部と共用)
平日の練習時間:16時55分から17時45分
主な戦績:2020年夏の広島県大会ベスト4

第4章

神奈川で打ち勝つために

工夫した努力は必ず報われる

神奈川県立相模原高校 **佐相眞澄** 監督

PROFILE

佐相眞澄 監督

1958年8月31日生まれ。神奈川県出身。法政二高—日本体育大。現役時代は外野手としてプレーし、日体大4年時には明治神宮大会で優勝。卒業後は保健体育科の教諭として相模原市立新町中、大沢中、東林中に赴任して軟式野球部を指導。東林中では2001年のKボール全国大会で優勝を果たし、世界大会でも3位に輝いた。2005年には神奈川県立川崎北高校に着任して監督となり、2007年秋の神奈川大会4強入り。2012年から神奈川県立相模原高校に転任。2014年夏の神奈川大会では創部初のベスト8進出。2018年には北神奈川大会で8強入り。2019年夏の神奈川大会では初のベスト4進出に導いた。

限られた時間とスペースを効率よく使う

神奈川県立相模原高校（以下「県相」）の2023年の部員は、選手69名（3年生36名、2年生15名、1年生18名）とマネジャー6名の計75名です。平日の練習は16時30分から始まります。19時に完全下校なので、終了は18時30分過ぎ。練習時間は約2時間です。

グラウンドは陸上部と共有。限られた時間とスペースを有効に使うため、練習では選手を「ベンチ入りメンバー」「ベンチ入りメンバー外の3年生」「1、2年生」の3つに分け、さらにそれぞれを内野手と外野手に分けて、6つのグループで分割練習をしています。

たとえば、その日の練習メニューが打撃練習、ノック、トレーニングの3つだとしたら、ベンチ入りメンバーが打撃練習をしている間に別のグループがノックをして、また別のグループがトレーニングをするというように、順番に回していきます。

【Aチームの練習メニューの一例】

	内野手	外野手	投手
16:30〜	ウォーミングアップ、ペッパーなど		
17:00〜17:50 (50分間)	打撃練習(4ヵ所打撃、ティー打撃など)		・打撃投手 ・ブルペンでの投球練習 ・坂道ダッシュ ・トレーニングなど
17:50〜 18:10(20分間)	守備ゾーンで 内野ノック	トレーニング	
18:10〜 18:30(20分間)	トレーニング	守備ゾーンで 外野ノック	
18:30〜	後片づけ、グラウンド整備など		

投手陣は別メニューです。打撃練習にも入りますが、打撃投手を務めるほか、ブルペンでの投球練習、坂道ダッシュを含むランニング、トレーニングなどをしています。

週に2回ほど、学校から自転車で5分程度の横山公園球場を利用することがあり、そこでは実戦形式の打撃や守備などの総合的な練習をしています。ただし練習時間は同じで、約2時間です。

当日の練習内容は昼休みに主将が決めて、全員にラインで伝達。それを受けて、昼休みの間に必要な用具を並べたり、ラインを引いたりして練習の準備を済ませておき、放課後にグラウンドに出たらすぐに練習に

タイマーで常に時間の大切さを意識する

入れるようにしています。

グラウンドでの移動は、常に全力ダッシュ。グラウンドに入る時間、次のメニューへの合間などで1分でも多く時間を作り出します。たかが1分、されど1分。野球は1分あれば、流れが変わります。1分の大切さを、普段の練習から意識しています。

神奈川で打ち勝つために

全国レベルの強豪がひしめく神奈川で、県相のような公立校が勝つにはどうしたらいいのか。投手が相手の打線を抑えて守り勝つのは、なかなか難しいでしょう。私は

〔神奈川県立相模原高校のグラウンドの使い方〕

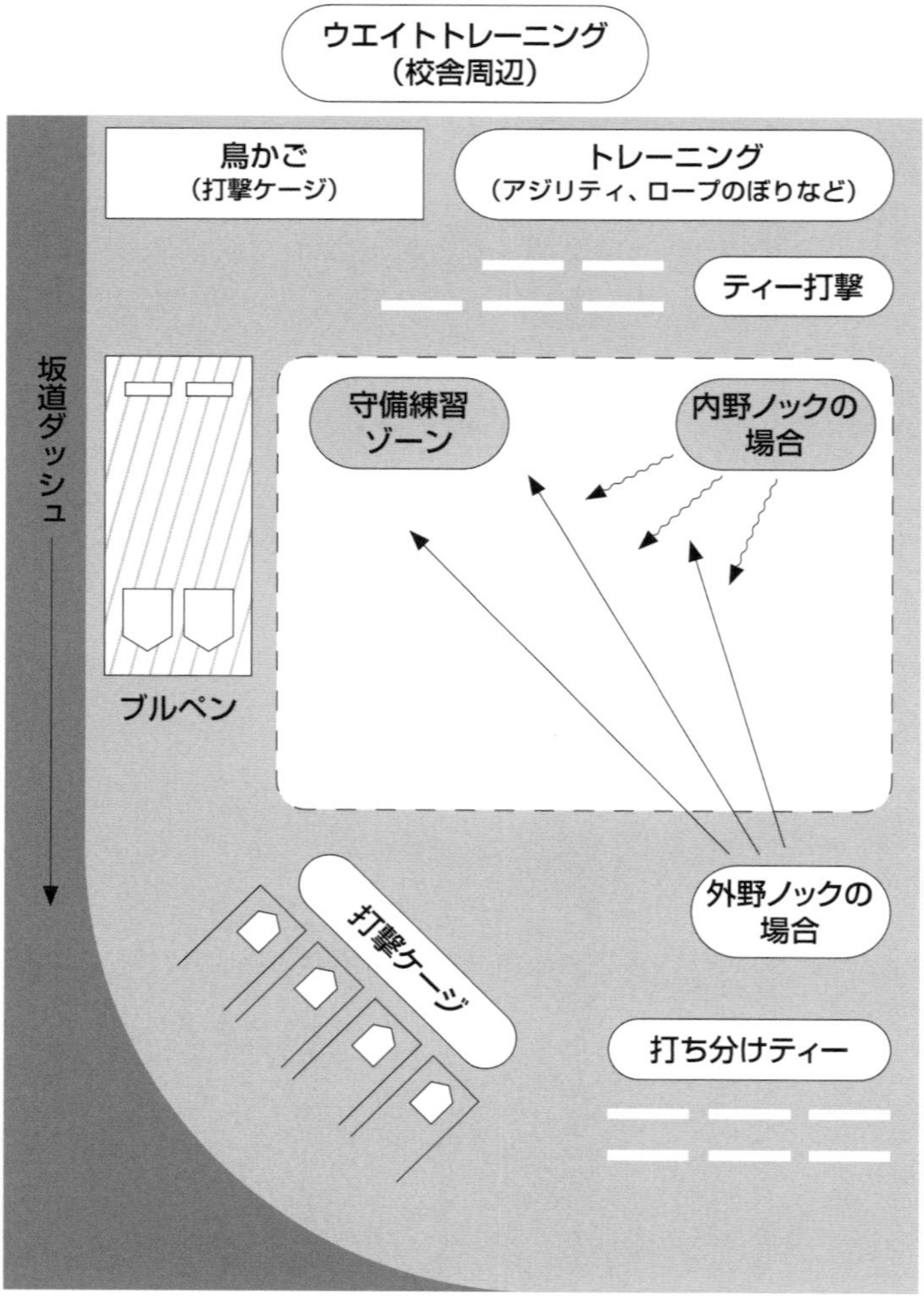

限られたスペースを有効に使って分割練習をしている

自ら手本を見せてスイングの指導をする佐相監督

相手より1点でも多く取る野球、つまり打ち勝つ野球を目指しています。

好投手を攻略するには、胸のあたりにくる高めの直球をレベルスイングで打ち返さなければなりません。県相では1年生が入学してくると、まずレベルスイングを教えています。

レベルスイングとは、地面と平行にバットを振るスイング。高めの球をアッパースイングで打つと、ヘッドがグリップよりも下がったままのスイングになり、フライが多くなってしまいます。レベルスイングでは、バットのヘッドが立った状態から、ヒジとグリップを下げるイメージでスイングします。ヘッドが立ったまま、つまりヘッドがグリップよりも上にあるので、高めの球を強いライナーで飛ばすことができます。

打つポイント（インパクトの位置）は、コースによって変わります。内角は投手寄り、外角は捕手寄りです。そのポイントを確認するために有効なのが、バント練習です。

打撃練習でケージに入った際には、必ずバントの練習もしています。右打者の場合、内角は三塁側へ、真ん中は投手前へ、外角は一塁側へ転がします。バントでボールを当てるポイントと、打撃でボールを打つポイントは同じ。バントの練習をすることで、ポイントの確認ができます。

ホームベースから約６メートルのところに白いラインを引いておき、バントの打球がそこを目標にして止まるようにすると、実戦でも走者を確実に送れます。

また、県相ではスイングスピードを上げるために、重さの異なるバットを使用したティー打撃をしています。まず、約１２００グラムの通常より重いバット（マスコットバットもしくは重いリングを付けたバット）を使って打ち、振る力をつけます。次に、通常よりも細く、約６００グラムの軽いバットで打ち、速いスイングを体に覚え込ませる。そして、

4つの打撃ケージがバックネットに向かって並べられている

通常の木製バット（約900グラム）で打ちます。

ヒットゾーンを狙って打て！

県相のグラウンドは野球部専用ではないため、陸上部が練習しているところに打球が飛び込まないようにしなければなりません。そこで、打撃練習はバックネットに向かって4ヵ所のケージを並べて、おこなっています。こうすれば、危険防止になるだけではなく、グラウンド内でノックなど他の練習ができます。また、ボールを集める時間も1分ほどしかかかりませんので、時間が短縮できて、効率的です。

打撃練習で使っているのは、竹バットです。芯で打たないと飛ばないし、手が痛くなるので、ミートする技術を自然に身に付けられます。

練習でどんなにいい当たりを打っても、試合では野手の正面に飛べばアウト。そこで、普段の練習から「どこに打てばヒットになるのか、常に意識しなさい」と言っています。バックネットの高さ5メートルあたりのところには、青いラインが張られています。ここに当たるようなライナーを打てば、内野手の頭を越える打球、あるいは外野手の間を抜けていく打球になる。選手たちは試合中にも「青ラインの打球！」と言っているほど、ヒットゾーンに対する意識付けができています。

練習の1打を上達につなげる

打撃練習中は、各自が技術面の課題を意識しています。特に大事なのは、構えとトップの形（バットの角度）、重心移動です。

グラウンドに置かれている大きな鏡の前でフォームを確認しながら素振りをする

構えた時に、パワーポジション（投手方向から見て肩、ヒザ、つま先が一直線に並んでいる状態。最も力が発揮できる姿勢）ができているか。グリップの位置は肩よりやや高くなっているか。トップ（バットを最も捕手寄りに引いた状態）に入った時、バットの角度は横から見ても前から見ても45度から60度になっているか。

踏み出した足（前足）のかかとが地面に着いた瞬間、軸足（後ろ足）のかかとが地面から離れる。同時にスイングが始まります。この連動ができていれば、重心の移動がスムーズになり、大きなパワーを生み出すことができます。それができているか。

これらのポイントは打撃ケージに入る前にも、全身が写る鏡の前でのスイングやティー打撃（後述）などでチェックするようにしています。

私は打撃練習中に、ケージの横から選手のフォームを見て、打てない原因や課題があるかどうかをチェックしています。

打者を横から見ると、いろいろなことがわかります。ケージのネットの網目で構えた時の頭の位置を覚えておけば、スイングでどれくらい頭が動いたかが把握できます。バットの角度、ヒジの高さ、軸足のヒザの入り方なども、横から見たほうが細かくチェッ

打撃練習をケージの横から見ることで、各選手のスイングを細部までチェックできる

クできます。

ステップでの踏み出し方、トップからのバットの出し方などは、打者の後ろ（捕手方向）からの方が見やすいので、そこをチェックする場合はケージの後ろから見ています。

フォームを確認して、何か課題があれば、その場で指摘します。この時、選手は「はい」という返事だけではなく、復唱して、「次はこうします」と付け加えています。これは野球の技術だけではなく、生活面にも通じること。「『はい！』と返事をしておけば大丈夫」ではダメ。指摘されたことを次につなげなければなりません。

たとえば、スイングした時に体が投手方向に突っ込んでしまっている選手に対して、私が「頭が前に動きすぎているよ」と指摘したとします。県相の選手は「はい。頭が前に動き過ぎているので、頭の位置を固定して打ちます」と返事をします。

打てなかったら、原因を理解して、改善や修正していく。練習の1球1球をムダにせず、上達につなげなければなりません。

打撃練習を実戦に近づける工夫

県立校が私立の強豪に勝つためには、いかにそのレベルを想定して、本番に近い形で練習するかが大事です。前述の「６メートルラインを狙ったバント」や「青ラインを狙った打撃練習」のほかにも、工夫していることがあります。

県相の打撃練習では、４ヵ所のうち３ヵ所はマシンを使っていて、残りの１ヵ所は打撃投手が投げています。ホームベースまでの距離は16メートル。全国レベルの投手の球を想定して、１４０キロから１５０キロの球を体感できるように設定しています。

もう一つのポイントは、球の角度です。試合では、投手は地面より25・４センチ高いマウンドの上に立っていて、そこから投げ下ろしてきます。実戦に合わせるために、投手は移動式のマウンドの上から投げており、マシンも台の上に乗せています。

次に、いろいろな球種への対応。マシンは、練習試合で打てなかった球を打てるように、速球、キレのいいスライダー、緩いカーブ、落ちる球などいろいろ設定を変えてい

(右上)打撃投手は移動式マウンドの上から投げる／(左上)マシンも台の上に乗せて角度をつける／(下)移動式マウンドは保護者の方が手作りしてくれたもの

ます。

打撃投手は、2ストライクからの設定で、直球と変化球をミックスして投げます。打者は球を見極め、対応しながら打つ。青ライン（ヒットゾーン）を狙って打つだけではなく、自分で「ノーアウト二塁」「ワンアウト三塁」など状況を想定して、自分にプレッシャーをかけながら、状況に応じた打球を打つようにしています。

ティー打撃では、一般的には打者は斜め前から投げられた球を打ち返すと思いますが、県相では実戦と同じく、投手方向から投げられた球を打てるように工夫しています。

特注のネットを使っているのですが、このネットは2枚を合わせると、中央部分が空くようにできています。投げ手はその間から打者に向かって球を投げ入れ、打者はコースによって打ち分けます。

右打者の場合、インコースは向かって左側のネットへ引っ張って打つ。アウトコースは向かって右側のネットへ流して打つ。この「打ち分けティー」で、それぞれのコースや高さに対応した打撃技術を身につけています。

特注のネットがなくても、ネットを2枚合わせて置きティーをすれば、ティーを置い

特注のティー打撃用ネットを使った打ち分けティー。2枚合わせると中央部分から球を投げ入れることができる

たコースによって左右に打ち分ける練習ができると思います。

短時間なので、〝練習のための練習〟になってはもったいない。工夫すれば、より実戦に近い形で効率的に練習することができる。工夫も指導者の大切な仕事です。

工夫した努力は、必ず報われます。もし報われなかったとすれば、それはまだ工夫が足りていないから。私はそう肝に銘じて、工夫を重ねています。

本番で力を発揮するために

練習でできていないことは、試合ではで

きません。むしろ、本番ではグラウンドで普段できていることの90％ができればいい方です。「勝ちに不思議の勝ちあり」というように、普段の力の120％が出ることもあるし、相手がミスしてくれることもありますが、それに頼るわけにはいきません。

本番で普段どおりの力を発揮するには、どんな場面でも自分を客観視できる平常心が必要です。チャンスの場面では臆するのはもちろん、燃えすぎるのもよくありません。

2019年夏の神奈川大会。準決勝の横浜高校戦で8回に逆転打を打った四番の中野夏生は、「ここで打席に入るのは、四番の中野君です」とアナウンサーのように実況中継しながら打席に入りました。それでブラスバンドや応援の音が聞こえなくなるくらい集中して、冷静になれたそうです。自分を俯瞰して見る。究極ともいえる客観視だったのではないでしょうか。

平常心を保つポイントは、いかに「今」に集中するか。今、何が起きているのか。今、何をすればいいのか。今、何ができるのか。シンプルに、そのことだけを考えます。「あの1点が防げていれば」などと、過去を振り返ってはいけない。「ここから3点を返そう」などと、先のことを考えてもいけない。とにかく「今、自分ができること」だ

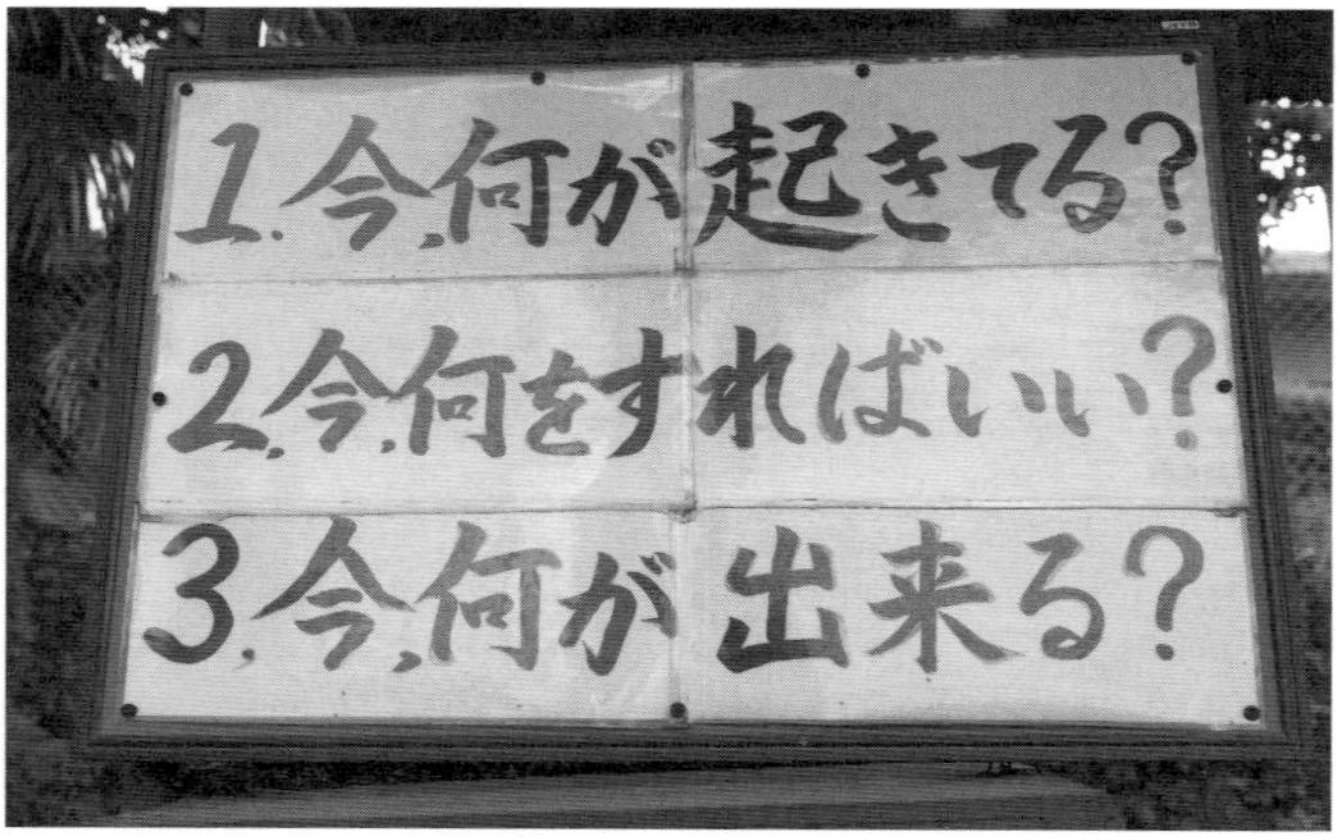

県相のグラウンドに掲げてある言葉。常に「今」に集中する

けを考える。その積み重ねが結果になります。試合中だけではなく、普段の練習から「今」に集中するのが大切です。

夏の大会で力を発揮するために、２０１９年から毎年の恒例にしている練習があります。5月末に実施する「追い込み」です。毎年メニューは少し変わりますが、２０２３年は１００メートルの坂道ダッシュを20本のほか、タイヤ押し、ロープのぼりなどのメニューに2週間、毎日の朝練として取り組みました。生徒たちが「先輩たちがやって勝ってきたから、自分たちもやろう」と決めて、自主的にやっています。私は指示したり、やったかどうか確認したりはしていません。レギュラーかどうかとか、学年の上下に関係なく、1年生から3生まで全員が同じ気持ちでやり抜きます。「追い込み」をチームで乗り越え、心と体のスタミナをつけて、夏の大会に臨んでいます。

自分の限界を少し超える

約2時間の短時間練習でうまくなるために、私は選手たちに「限界的練習法」を自分のものにして、習慣化するように伝えています。

これは、自分の限界を少しだけ超える負荷をかけて、練習をやり続けるということです。素振りひとつをとっても、常に自分を追い込む。「これが限界だ」というところから、少し先を目指すのです。

ある分野で専門的な技術や知識を習得して成功するには、1万時間の練習や学習が必要だとされています（1万時間の法則）。しかし、ただダラダラと繰り返すだけの練習、苦にならない練習はどれだけやっても成長につながらない。1日2時間しかないのに、そんな非効率なことはできません。

たった「プラス1%の努力」で、成長の効率はグッと上がります。仮に今の自分を「100%」として、その限界に届かない「99%」の練習を1年間（365日）繰り返したとしたら？　0・99の365乗は0・03。ほんの少しサボっただけで、やがて力はなくなってしまいます。自分の限界を1%だけ超えて「101%」の練習を1年間繰り返したらどうなるか？　1・01の365乗は37・8。コツコツと努力すれば、やがて大きな力になります。

限界を「少しだけ」超えるのがポイントです。超えすぎると負荷がかかりすぎて、練習自体が続かなくなります。

個人目標をホワイトボードに書き込む

県相のグラウンドの三塁側のベンチの奥には、ホワイトボードがあります。そこに一人ひとりが2週間単位の個人目標を書き込んでいます。

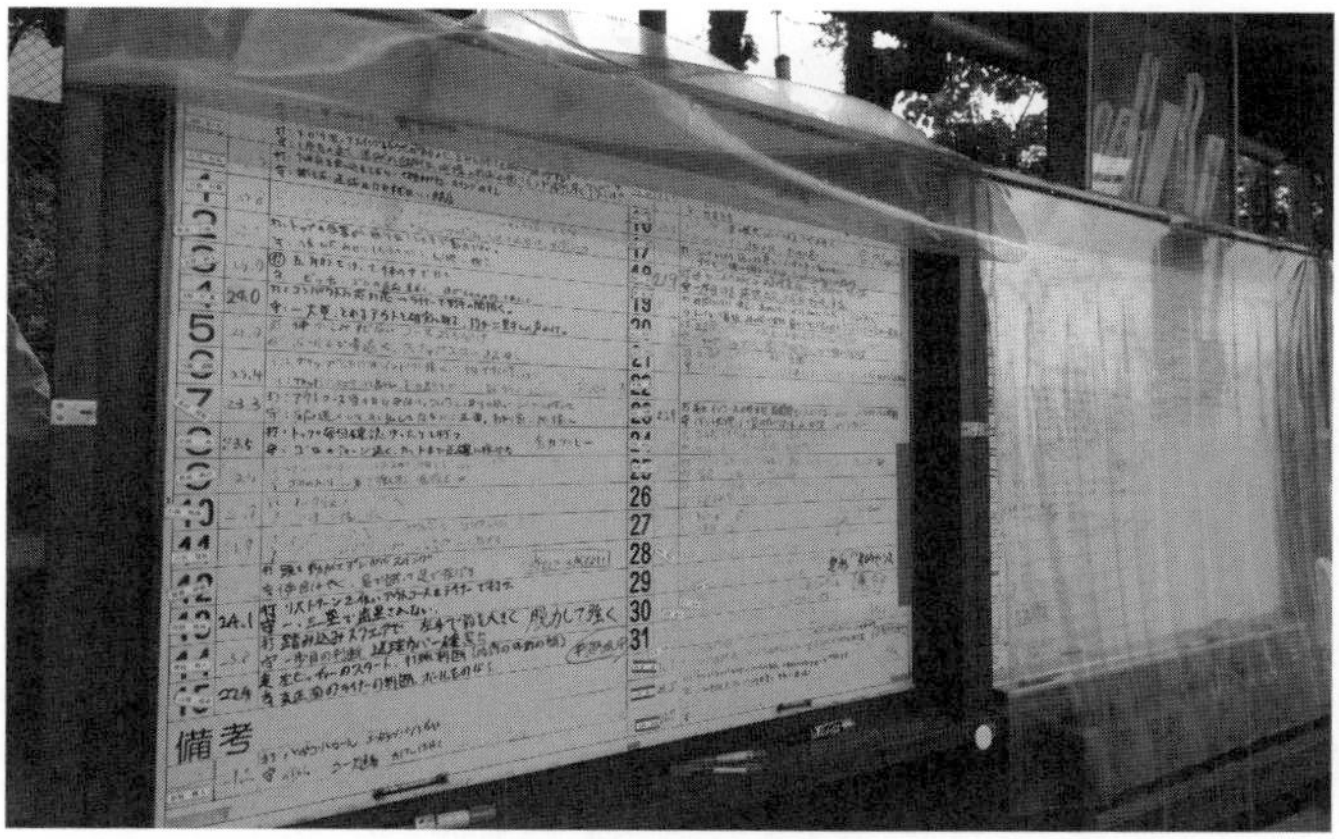

三塁側ベンチのホワイトボード。全員の個人目標が書き込まれている

まず、目標を立てます。その目標を達成するための課題を自分で設定して、練習する。そして練習試合などの結果を自分で振り返り、次の目標を考えます。

全員の個人目標が見えるようになっているので、自分で常に目標を忘れないように確認できるし、仲間の目標を知るのは刺激にもなります。このように目標が明確になっていると、毎日の2時間の練習が漠然と繰り返すものではなく、課題を克服して成長するためのものになります。

やらされて練習するのではなく、自分のために、自分で考えて練習するのが大切です。私は放任しているわけではありませんが、任せるところは任せています。一人ひとりが自分で目標を立て、課題を克服していくことで成長する。その結果としてチーム力も底上げされます。

1年生の成長を妨げない配慮

私は、下級生が活躍しやすい雰囲気を作ってあげられるように心を配っています。

1年生を指導する役割を3年生に任せているチームも多いと思いますが、任せると、厳しくし過ぎてしまいがち。1年生が先輩に対して委縮してしまうので、あまり厳しく言わずに、注意程度にしておく方がよいと考えています。県相では、3年生に「1年生には厳しく言う必要はないよ。オレが厳しくするから」と言っています。

下級生が伸び伸びと練習して、うまくなることが大事です。特にペッパー（トスバッティング）では、上級生と下級生でペアを組ませないようにしています。下級生が先輩に投げる時、「いい球を投げないといけない」と思うあまりに、かえって投げミスをすることがあります。そうなると、手投げになる悪い癖がついたり、ひどい場合はイップスになったりしてしまう。ちょっとした配慮で、選手の成長を妨げるリスクは回避できます。

環境は人が作る。その環境が人を作る

「環境は人が作る。その環境が人を作る」。私の座右の銘です。部員たちが成長するための環境を作るのが、私の仕事だと考えています。

私が県相に赴任してきた2012年には、ほとんど何もない状態からのスタートでした。公立高校の部費だけでは、試合球を買うのが精いっぱい。だからといって、「公立だから、しかたない」「部費が少ないから、これしかできない」とあきらめてしまったら、いつまでたっても環境は作れません。

水はけのいい土への入れ替え、右翼後方の防球ネットのかさ上げ、移動式の外野フェンス、ピッチングマシン、打撃ケージ、移動式マウンド、ティー打撃用の特注ネット、屋根付きのブルペン、ナイター照明、下級生が着替える場所として利用しているコンテ

ナハウス……。これらが揃うのに、12年かかりました。充実した環境は、県立相模原高校野球部OB・OG会の寄付や保護者会のみなさまの手作りなど、強力なご支援によるものです。

環境が整うにつれて効率の良い練習ができるようになり、チームは強くなっていきました。2014年夏の神奈川大会では創部初のベスト8進出。第100回記念だった2018年には北神奈川大会の準々決勝で東海大相模に8対9でサヨナラ負けしたものの、強豪と接戦を演じることができました。そして、2019年夏には名門・横浜を相手に5点差を逆転勝ちして、初のベスト4進出を決めました。今の生徒たちには「この環境でできているのは、先人たちのおかげ。感謝の気持ちを忘れないように」と伝えています。

指導者として、いかにしてOB・OG会や保護者会との関係を深めるか。最近はあえて「つかず離れず」の距離をとる指導者も少なくないようですが、環境を作ろうとしても自分一人ではたいしたことはできません。私はまわりのみなさんを巻き込んで、応援していただいています。そのためにも、活動に関する連絡は密にしています。たとえば、

佐相監督の本気が部員たちに伝わっている

練習試合をした日には出場選手や試合結果、試合後の私のコメントなどを、マネジャーが保護者のみなさんに連絡網で回してくれています。

まわりを巻き込むには、自分をさらけ出して、懐に飛び込んでいくのが一番。私は「こうしたい」と思うことをノートに書き出し、人に伝えています。

「マシンがもう1台欲しいなぁ」「照明があったら、冬でも18時30分まで練習できるのになぁ」などと、思いを素直に口に出す。そうすると、「よし、応援してあげよう」という人が出てきてくれます。

何事も、まず自分が本気になること。こ

っちが本気になれば選手も本気になるし、ＯＢ・ＯＧや保護者の方々も本気になってくれます。そうやってチームが「束」になれば、環境を作ることができ、その環境で人を作ることができると考えています。

私が２００５年に中学野球界から高校野球界に指導の場を移して、19年が経ちました。高校野球は中学野球よりも注目度が高く、プレッシャーはより大きい。毎年、夏の大会前になると、食欲が無くなります。寝ても早く目が覚めてしまい、朝食が喉を通らない日もあります。でも、それだけやりがいがあり、楽しいと感じています。これからも環境を作り続け、その環境で人を作り続けたいと思っています。

【参考文献】
「神奈川で打ち勝つ！　超攻撃的バッティング論」佐相眞澄著（竹書房）

神奈川県立
相模原高校

部員数:75名(うちマネジャー6名)
グラウンド:左翼95メートル×右翼85メートル。陸上部と共用のため、練習時に使用できるのは半面のみ
平日の練習時間:16時30分から18時30分
主な戦績:2014年夏の神奈川大会で創部初のベスト8進出。2015年春の神奈川大会で準優勝。2018年には北神奈川大会で8強入り。2019年夏の神奈川大会ではベスト4入りを果たした。2023年夏は4回戦進出

第5章

「ペンの野球」で心と技術を育てる

東京都立小山台高校　**福嶋正信** 監督

PROFILE

福嶋正信 監督

1955年11月24日生まれ。熊本県出身。熊本県立八代東高校—日本体育大。八代東高３年夏は一塁コーチャーとして甲子園に出場。日体大では陸上競技部に所属。卒業後に保健体育科の教諭となり、都立足立工、都立葛飾野、都立江戸川を経て、2005年に都立小山台の監督に就任。2014年には21世紀枠で選抜出場。2018年夏、2019年夏には東東京準優勝に導いた。

日替わりの環境とスケジュールに対応する

東京都立小山台高校の野球班（野球部）の2023年の班員数は、101名（うちマネジャー4名）。東京都でも3本の指に入る大所帯です。

全員いっしょに学校のグラウンドで練習する日もあれば、チームを実力によってA、B、C、Dの4つに分け、それぞれが別の場所・スケジュールで活動する日もあります。それは、以下のような事情があるからです。

学校のグラウンドは90メートル×60メートルの全面人工芝ですが、平日に使用できるのは週に2、3日。水曜日は隔週しか使用できず、月曜日と木曜日は使用できません。他の班（サッカー、ラグビー、陸上）と共用で、使えるのは半面のみ。14時55分に授業が終わり、班員たちは15時10分頃からグラウンドに出て準備や各自でアップを開始します。定時制があるため17時に完全下校。16時45分には練習を終えるので、練習時間は実質80分です。

月曜日は、麻布高校の多摩川グラウンドを借りて、全員で練習しています。火曜日は

【小山台高校野球班　週間練習スケジュール(例)】

<table>
<tr><th></th><th></th><th>A</th><th>B</th><th>C</th><th>D</th></tr>
<tr><td rowspan="2">月</td><td>練習内容</td><td colspan="4">ローテーション(ノック、ティー打撃、アメリカンノック、バント練習)</td></tr>
<tr><td>場所</td><td colspan="4">麻布グラウンド</td></tr>
<tr><td rowspan="2">火</td><td>練習内容</td><td>バント、サインプレー</td><td>紅白戦</td><td colspan="2">シートノック、テニスB打ち、ティー打撃</td></tr>
<tr><td>場所</td><td>多摩川G(サブ)</td><td>多摩川G</td><td colspan="2">学校G半面</td></tr>
<tr><td rowspan="2">水</td><td>練習内容</td><td>練習試合</td><td>自主練習</td><td colspan="2">休養日</td></tr>
<tr><td>場所</td><td>江戸川球場</td><td>ー</td><td colspan="2">ー</td></tr>
<tr><td rowspan="2">木</td><td>練習内容</td><td colspan="2">休養日</td><td colspan="2">体力強化</td></tr>
<tr><td>場所</td><td colspan="2">ー</td><td colspan="2">駐輪場</td></tr>
<tr><td rowspan="2">金</td><td>練習内容</td><td colspan="4">ローテーション(サーキット、ペッパー、ティー打撃、フットワークほか9種類)</td></tr>
<tr><td>場所</td><td colspan="4">学校G半面</td></tr>
</table>

※月間の練習計画をもとに作成

多摩川緑地広場野球場（旧読売ジャイアンツグラウンド）を借り、学校のグラウンドと2ヵ所に分かれて練習しています（学校以外の場所での練習は15時30分頃から18時まで）。

木曜日は3年生は授業が7限目まであるため、基本的には休養日もしくは自主練習。2年生以下は学校の駐輪場で体力強化や素振りなどをしています。

練習計画は月間のスケジュールを立てて、班員、コーチ陣、保護者のみなさんと共有しています。変更があった場合にはすぐに修正を加えて共有します。練習計画が事前にわかっていれば、班員は勉強の時間を確

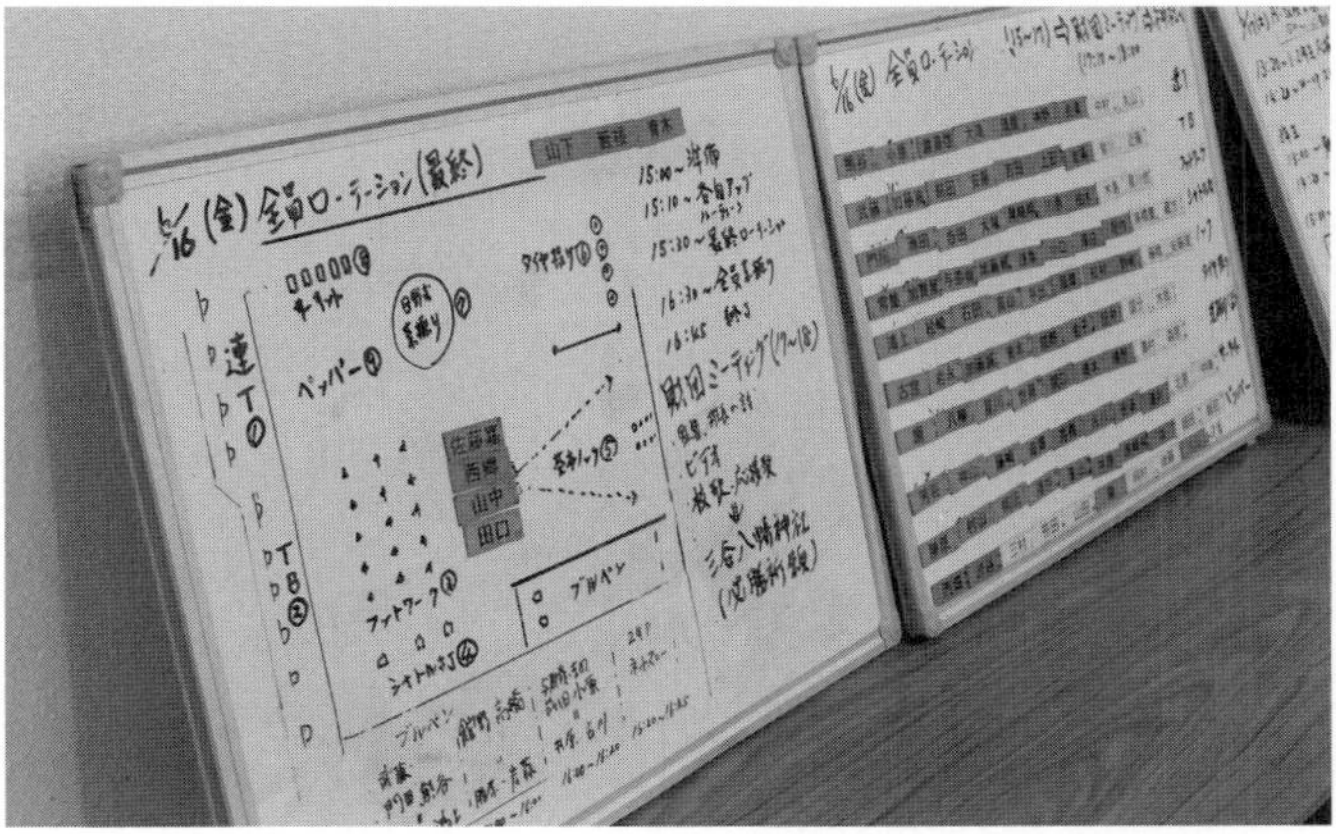

福嶋監督がホワイトボードを使って当日のメニューを作成する。班員は自分がどのグループに入り、どの順番でどのメニューをおこなうかを把握して、準備する

保できますし、保護者も「いつ、どこで、どんな練習をしているのか」「何時ごろ帰宅するか」などが把握できます。

日々の練習メニューの詳細は、私が当日の昼休みに作成します。チームの課題を考慮に入れ、使用できるグラウンドに合わせて決めています。

班員にメニュー作成を任せていないのは、勉強に集中してもらうため。メニューは昼休みに私からSNSで班員に送信しています。班員は今日、どんな練習をするのかを把握した状態でグラウンドに出てきます。

練習中の「何もしていない時間」をなくす

限られた時間とスペースを、大人数でいかに有効に使うか。最大のポイントはメニューを細かく分けて、何もしていない時間をなくすことです。

全員で学校のグラウンドで練習する日は、1人もしくは2人1組でできる基礎練習のメニューを多く組み、順番待ちのムダな時間を減らす工夫をしています。

班員をメニューと同数のグループに分け、各メニューをローテーションで回していきます。たとえば、9つのメニュー（連続ティー打撃、ティー打撃、フットワーク、シャトル打ち、ノック、タイヤ投げ、連続素振り、サーキットトレーニング、ペッパー）をおこなう場合は、班員を9つのグループに分けます。

この時、レギュラーを各グループに振り分けるほか、ポジション別、誕生日別、体重別などいろいろなパターンで分けています。いつも同じ人とばかり組まないようにして、チーム内のコミュニケーションを深めるのが狙いです。また、それぞれのグループには

【小山台高校　ある日の練習スケジュール】

15:10　準備、各自アップ
15:30　ローテーションメニュー開始
（1メニュー6分間）
16:30　全員素振り
16:45　終了

【ローテーション】

メニュー＼グループ	1	2	3	4	5	6	7	8	9
①連続ティー打撃	start	↓	↓	↓	↓	↓	↓	↓	↓
②ティー打撃	↓	start	↓	↓	↓	↓	↓	↓	↓
③フットワーク	↓	↓	start	↓	↓	↓	↓	↓	↓
④シャトル打ち	↓	↓	↓	start	↓	↓	↓	↓	↓
⑤ノック	↓	↓	↓	↓	start	↓	↓	↓	↓
⑥タイヤ投げ	↓	↓	↓	↓	↓	start	↓	↓	↓
⑦連続素振り	↓	↓	↓	↓	↓	↓	start	↓	↓
⑧サーキット	↓	↓	↓	↓	↓	↓	↓	start	↓
⑨ペッパー	↓	↓	↓	↓	↓	↓	↓	↓	start

リーダー役をつけて、練習を引っ張るようにしています。

グラウンドも9つに分け、時間も9等分。各グループはメニューごとに場所を移動しながら、1メニューにつき6分間という分刻みのスケジュールでおこないます。

バッテリーは4つグループに分かれて、2レーンあるブルペンで投球練習をおこないます。1つのグループは、投手4〜6名+捕手2名。練習時間を4つに区切り、1グループあたりのブルペン使用時間は20分間。1球投げたら交代して、次々に投げていきます。

練習の終わりには、全員で15分間の素振り。マネジャーの笛の合図で、6秒間に1スイン

【①連続ティー打撃】
2人1組。20球交代

【②ティー打撃】
2人1組。10球交代

【③フットワーク】
2人1組。左右へのサイドステップと、マーカーコーンへのタッチ。2人で対面して競争する

【④シャトル打ち】
2人1組。10球交代

【⑤ノック】
2ヵ所のうち1ヵ所は正面から左方向の打球、もう1ヵ所は正面から右方向の打球を受ける

【⑥タイヤ投げ】
右方向、左方向、後方（背面）へタイヤを投げる

【小山台高校　全員ローテーション練習のメニュー例】

【ブルペン】
2レーンあるブルペンで、20分間で練習する。1球交代で順番に投げる

【⑦連続素振り】
グループ全員で輪になる。連続で35スイング。その後、もも上げを20回おこなう。これを繰り返す

【全員素振り】
6秒間隔の笛の合図で1スイングする

【⑧サーキット】
グループ全員で、腕立て伏せ、腹筋、背筋、ランジ、バーピージャンプをインターバルなしで各10回。1セット終わったらインターバルを入れて、繰り返す

【⑨ペッパー】
2人1組。投げ手がランダムに投げた球をダイレクトでキャッチする。10球交代

【小山台高校　グラウンドの使い方】

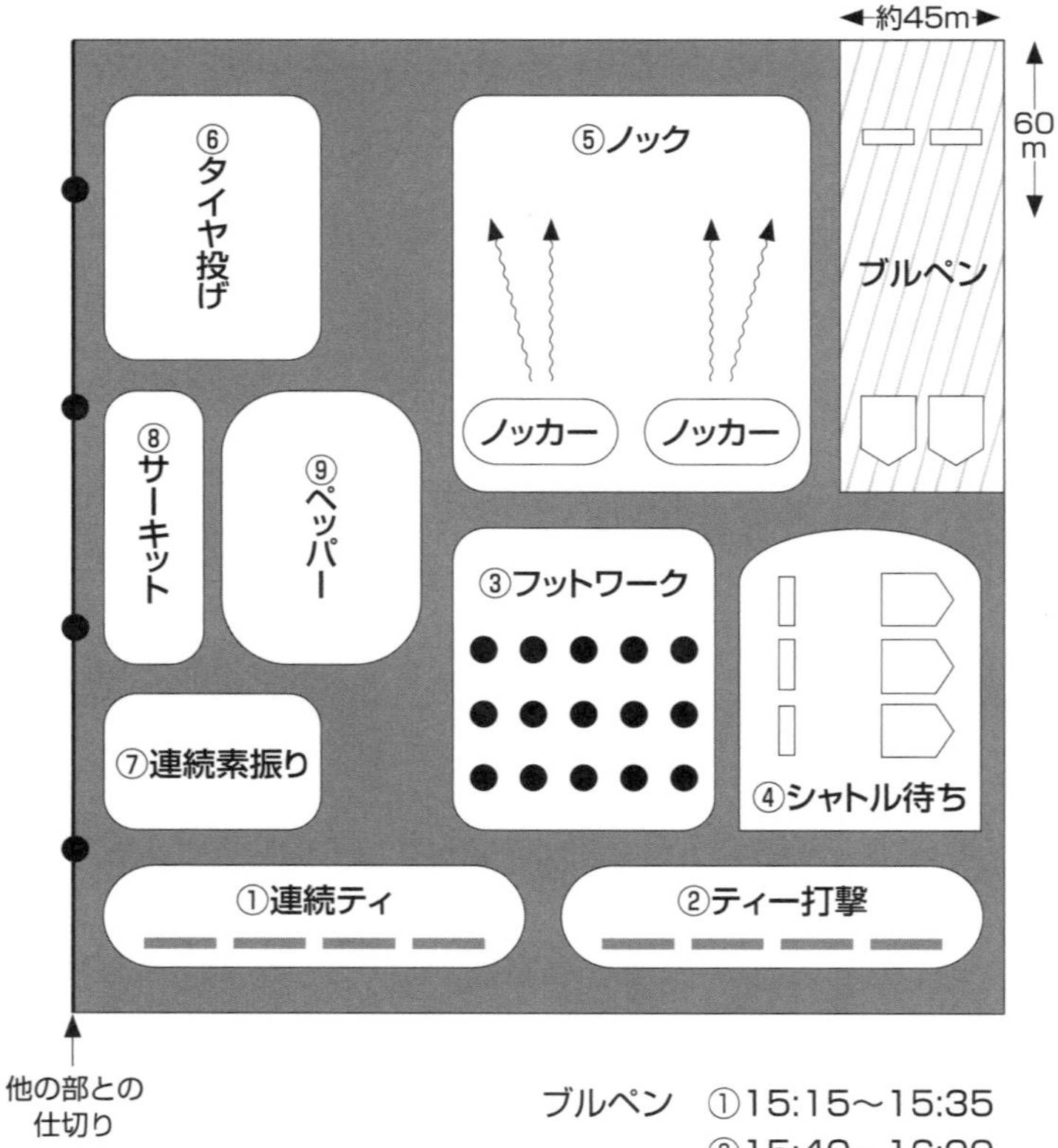

ブルペン　①15:15〜15:35
②15:40〜16:00
③16:00〜16:20
④16:20〜16:40

グを繰り返します。

日誌で心を育て、心と心をつなぎ合わせる

小山台高校は2014年のセンバツに21世紀枠で出場を果たしたほか、18年夏と19年夏には東東京大会で2年連続準優勝と、実績を重ねてきました。練習環境が十分ではなく、短時間の練習でも成果をあげているのは、チーム力を高めているからだと自負しています。

チームを一つにまとめるのは、技術ではなく、心です。一人ひとりの心を育て、全員の心と心をつなぎ合わせる。そこへもっていくのが、指導者の仕事です。

班員数が多く、グラウンドで顔を合わせて話をする時間も短い。コミュニケーション不足をカバーするために取り組んでいるのが、日誌です。日誌には、「個人日誌」と「チーム日誌」があります。

個人日誌には、個人のことを書きます。タイトルをつけ、毎日1ページ書く。これは

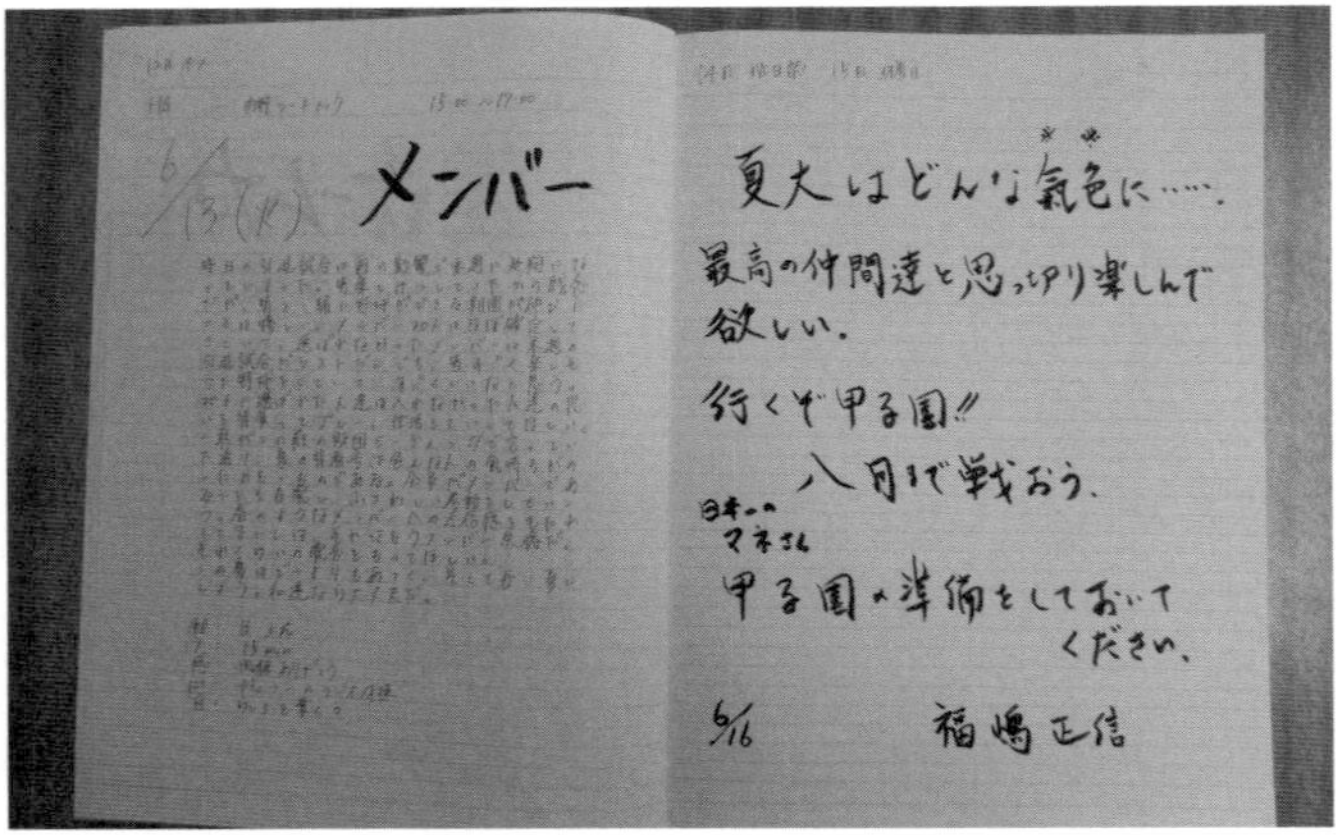

マネジャーの青木仁音さんの個人日誌。「20人に選ばれた人達は選ばれなかった人達の思いを背負ってプレー、生活していってほしい。この夏はどこよりもあつく、そして長い夏にしよう。私達なら大丈夫だ」と仲間への思いが綴られている。右ページは福嶋監督のコメント

私が強制したわけではなく、班員たちが話し合って決めたことです。今日1日の生活、勉強、練習を振り返り、自分と向き合うことで、心を育てます。出来事をただ並べるのではなく、心を写し出すように書くのが大事です。書き続けているうちに、だんだん感性が研ぎ澄まされていき、自分にだけ向いていたアンテナが、仲間にも向くようになる。チームや仲間への思いがあふれているのが、いい日誌です。

　チーム日誌は、各自がチームへの意見や思いを書くもの。毎年6冊から8冊あり、班員で順番に回していきます。自分

の考えを仲間に知ってもらい、仲間の考えを知ることで、心と心がつながります。以前はチーム日誌を回すだけでした。現在は「個人日誌も回した方が、もっと心と心がつながるんじゃないか」という班員からの提案で、個人日誌も他の人と交換するようにしています。交換した人同士がお互いの日誌を読み、自分の考えを書き込んで、返す。個人日誌の交換を始めてから、チーム力がグンとアップしました。

誰と誰の日誌を交換するかを決めるのは、「日誌係」の担当です。日誌係はチームの状況を把握していて、ある時は同じポジション同士で交換する、またある時は普段あまり会話していない人同士を交換するなど、工夫しています。また、「○○と交換したい」と、相手を指名して交換することもあります。

日誌で心を育て、心と心をつなげていく。小山台の野球は「ペンの野球」です。

一人一役で主体的にチームにかかわる

小山台高校の野球班では、主将や副将のほかにも役職を設けています。

「班長」は、グラウンド外のリーダーです。主将は試合や練習でチームを動かす役割ですが、班長は班全員をまとめる役割を担います。班員の投票で任命するのですが、野球の実力や実績ではなく、人として頼れる、しっかりした生徒が選ばれています。

班長の仕事には、学校や他の班との渉外が含まれます。すべての班の班長が集まる会議が毎週1回開催されるのですが、そこに出席して、話し合った内容を班員に伝えます。

「学生コーチ」は、練習で指示を出したり、ノックを打ったりして練習のサポートをします。大所帯の小山台には欠かせない、重要な存在です。

毎年3人ほどいるのですが、誰が学生コーチになるかは班員が自分たちで決めています。自分のことよりもチームのこと、仲間のことを考えられる人が学生コーチとして活躍してくれています。

私は彼らに「技術的なことを教える以上に、士気を高めるためにアドバイスをしてほしい。班員の心の成長のためにコーチして、チームの心を育ててくれ」と言っています。

「マネジャー」も、チームにとって重要な戦力です。練習では1分1秒の大切さを理解して、時間を管理してくれます。人手が足りないグループがあればサポートに入るなど、

ノックを打つ学生コーチと、時間を管理するマネジャー。時計だけを見るのではなく、練習の流れにも気を配ってサポートしている

グラウンド全体を広く見渡して、先を読んだ行動で支えてくれています。

前述の「日誌係」をはじめ、さまざまな係もあります。「マシン係」、「〇×ボール係」、「ネット修理係」、「倉庫係」、「班室グラウンド係」、「ブルペン係」、「道具係」、「トイレ係」、「水道係」は、それぞれの管理や整理・整頓などをする係です。

「打撃研究係」、「守備研究係」、「体力増強係」、「メンタル強化係」は、各分野について本やSNSなどで研究して、内容を班員に共有する係です。

そのほかに、打撃成績や投手成績をまとめる「記録集計係」、学校のグラウンドの使用を他の班と交渉する「グラウンド割り係」、校外で活動する場合に学校に提出する書類を担当する「活動届け係」、ミーティングの議事録をまとめる「ミーティングメモ係」、練習試合をしてくれた相手校にお礼の手紙を出す「手紙係」があります。

全員が何かしらの役職あるいは係に就きます。1年生から3年生まで、「一人一役」。練習と同じで、チーム内に「何もしていない人」がいないようにする。一人ひとりが自分の仕事を果たして、チームに主体的にかかわることで、結束が高まります。

チーム力を高めるミーティング

毎週金曜日には、練習終了後に学校から徒歩で3分ほどの場所にある小山台会館へ移動して、全員でミーティングを開催しています。

班員を10のグループに分けて、グループディスカッションをします。テーマは「チームをよくするためにはどうしたらいいか」「日誌についてどう考えているか」「自宅での勉強はどのようにしているか」など。グループ別に話し合い、その内容を代表者が全員

スピーチする班長の神山一真君

に向けて発表します。自分の考えを話し、仲間の考えを聞くことでお互いの心がつながり、チーム力が高まります。

2023年6月16日、東東京大会の組み合わせ抽選会前日には、班長の神山一真（3年）がチームの仲間への思いをスピーチしてくれました。次のページで、その内容を紹介します。

【小山台高校のミーティング】

2023年6月16日
班長・神山一真君のスピーチ（抜粋）

3年生のみんなへ。残り少ないけど、3年生の役割は何か、もう一度考えてほしい。

自分たちはこの夏で終わるけど、小山台はこれからも続いていく。自分たちが、次の世代に何を残せるか？

みんなに訊きたいのは、先輩として生活できているかということ。自分が思う先輩の証は、ただ年を重ねるのではなくて、後輩に教えることが増えたり、何かを示すことが増えたりすること。後輩たちは3年生を見て育つ。準備、片づけなどを率先する。そこで後輩に教えて次の世代につなげる役目を担っているわけだから、あと1、2ヵ月だけど、この小山台でしっかり先輩として生活していこう。

次に、この夏に向けて、チームを1つにするために。

小山台は技術では私立には勝っていない。2018年、19年に準優勝した代も、相手の方が上。それでも決勝まで勝ち上れたのは、チームが一つになったから。結束力が強い。先輩たちがつないできた小山台の強みを、ここでなくすわけにはいかない。

ここにいる中に、負けたいと思っている人はいない。絶対に勝ちたい思いを、もう一度強く持ってほしい。この3年生でできるのは、この大会が最後。できるだけ長くやりたい。秋（一次予選敗退）、春（1回戦敗退）と負けて、このまま終わりたくない。このままでは終われない。「史上最弱」と呼ばれるのは悔しい。負けたくない。

ここにいる全員が、夏に向かって本気になることが必要。ここにいる人全員が必要。夏に向かって、一つになりたい。小山台の夏にしたいので、全員の力を3年生に貸してください。

技術ノートで技術を育てる

１００名近い選手の技術を育てたい。本当は全員をマンツーマンで指導したい。ただ、これだけの人数では難しい。そこで「技術ノート」を取り入れています。

いわば個人日誌の技術版。自分の打撃フォームと投球フォームを分析して、成長につなげるためのノートです。これも小山台の「ペンの野球」を支える柱の一つです。

投手だけではなく、野手も投球フォームを分析します。野手のスローイングは、投手のピッチングをコンパクトにしたもの。正しい投げ方を習得するには、投球動作の基本を知っておく必要があるからです。捕手も二塁へのスローイングを分析しています。

分析には、動画から連続写真を作成できるソフトを使っています。私が一人ひとりの打撃と投球のフォームを撮影した動画をパソコンに取り込み、動作のフェーズごとにコマ割りにした連続写真をつくります。班員はそれを印刷したものをノートに張り、分析します。

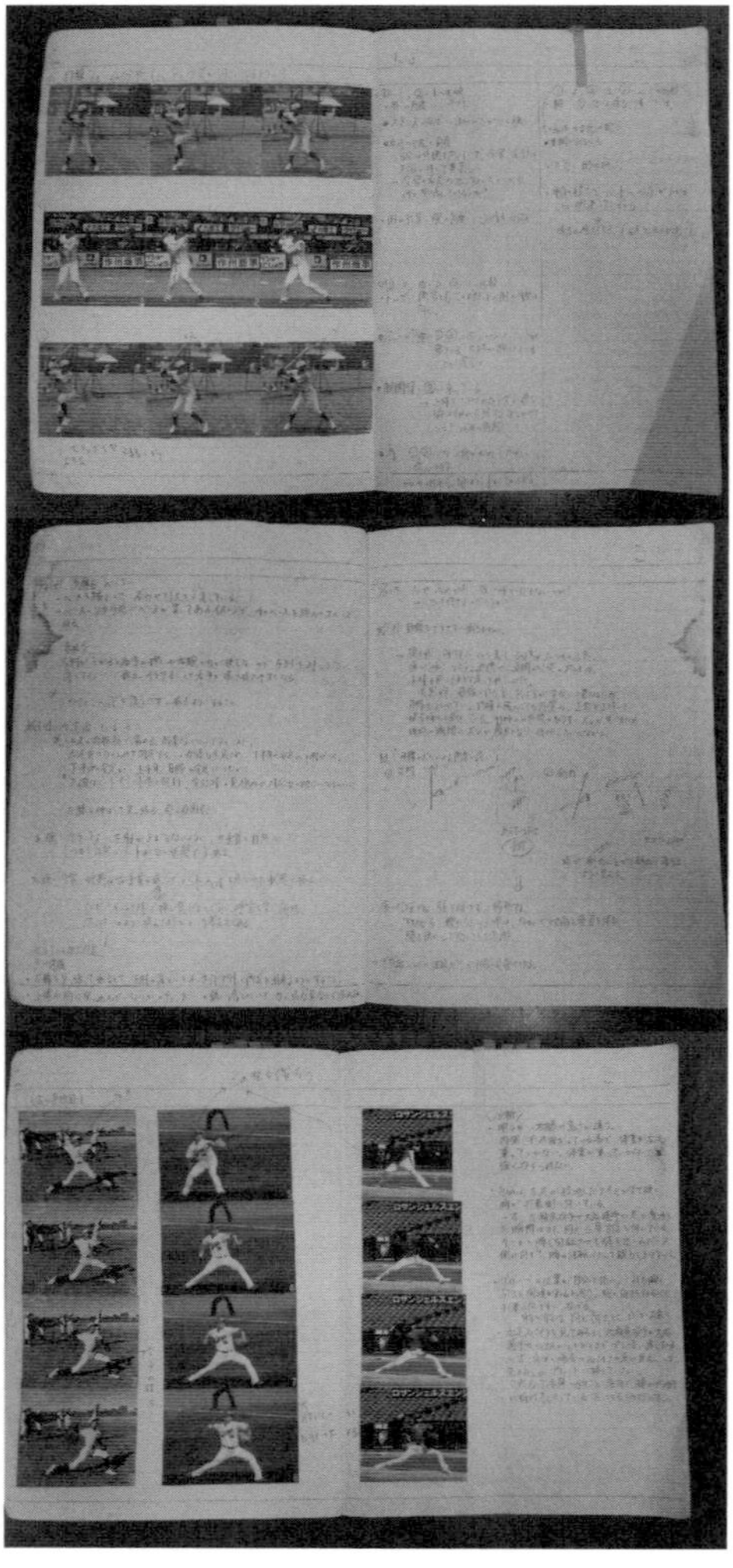

2023年のチームの「二番・遊撃手」加賀屋京介君の技術ノート。「入学後に技術ノートの成果で一番成長した選手」と福嶋監督。自分の投球と打撃のフォームについて細かく分析されている

今は動画の時代ですが、動作分析をするには動画よりも連続写真のほうがいい。ポイントとなる部分での動きや形がチェックできるからです。

参考として、その選手と似たタイプのプロ野球選手の連続写真も同様に作成して、いっしょに送ります。プロの選手と比較すれば、違いや改善すべき点が明確になります。

打撃であれば、投手側の足のつま先が地面に着いた時、グリップの位置はどこにあるか。軸足のヒザの向きはどうなっていて、内転筋はどのような動きをしているか。軸足のカカトが着地してスイングが始まる時、グリップの位置やバットの角度はどうなっているか……というように、細かい点を見ていきます。選手は「○○選手はこうなっている。それに対して自分はこうなっている」と分析して、ノートに書き込む。そのノートに私がコメントを入れて、返します。

技術ノートを書くのは、練習と同じ。技術が育ちます。書き続けていると、技術面の課題を見つける力や原因を追究する力も育つので、練習の効率が上がります。技術について理解が深まれば仲間同士で教え合うようになるので、チーム力が上がっていきます。

生活の中に野球あり　野球の中に人生あり

「生活の中に野球あり。野球の中に人生あり」。私はことあるごとに班員たちに伝えています。この言葉は、都立東大和高校を率いた佐藤道輔先生（故人）の著書『甲子園の心を求めて』を何度も何度も読んでいるうちに、私の中に湧き出してきたものです。

「生活の中に野球あり」は、日常生活のすべてが野球につながっているということ。小山台では、野球の練習時間が短い。ということは、自由時間が長い。その時間をどう過ごすのか。学校の授業や自宅での勉強は、集中力を高める練習です。普段の生活態度、挨拶や礼儀、服装、姿勢、歩き方、表情などもすべて野球のためになります。ユニフォームを着てグラウンドにいる2時間だけではなく、1日の1秒1秒を大切に、一生懸命生きること自体が練習。そう考えれば、日本一長い練習時間になります。

「野球の中に人生あり」。野球には1回から9回まであって、その間にいろいろなことが起こります。楽しいことがある。苦しいこともある。走者が出たら、送りバントで人

2014年選抜出場の記念碑には、福嶋監督の言葉「生活の中に野球あり　野球の中に人生あり」が刻まれている

助けをする。自分が走者として助けてもらうこともある。最終的にはマイホーム（本塁）にかえる。最後まであきらめなければ、逆転劇がある。人生も同じです。

私は２００５年に小山台に赴任して以来、２０２２年度までに４８８名の卒業生を送り出してきました。

２０１４年の選抜出場時のエース・伊藤優輔は中央大学、三菱日立パワーシステムズ（現三菱重工Ｅａｓｔ）を経て、２０２１年に読売ジャイアンツに入団。同年11月に右肘内側側副靱帯再建術（トミー・ジョン手術）を受けたため、２０２３年は育成選手として復帰を目指しています。

２０２３年現在、東京大学、慶應義塾大学、学習院大学、東京学芸大学、京都大学、九州大学などの大学の硬式野球部で、卒業生が野球を継続しています。

私は、班員たちには「人生のレギュラーになれ」と言っています。

野球には、レギュラーは９人しかいません。卒業したら、友人関係、会社などその場その場でレギュラーになってほしい。小山台野球班で育てた心を生かして、毎日を精一杯生きてほしいと願っています。

チームの強化は、監督一人の力ではできません。スタッフを含めたチームワークが不可欠です。小山台の場合は部長、助監督、コーチ、大学生コーチをはじめ、理学療法士や管理栄養士など多くのスタッフに支えてもらっています。また、グラウンドを貸してくれる麻布高校をはじめ、小山台に力添えしてくれる学校の関係者の方々には感謝の気持ちでいっぱいです。文末になりましたが、この場をお借りしてお礼を申し上げます。

東京都立
小山台高校

部員数：101名（うちマネジャー4名）
グラウンド：90メートル×60メートル（サッカー班、陸上班、ラグビー班と共用）
平日の練習時間：15時15分から16時45分
主な戦績：2014年の選抜に21世紀枠で出場。夏の東東京大会では2018年、2019年と2年連続で準優勝。2021年、2022年はベスト8。2023年は4回戦進出。

第6章

私たちは伝説になる

「根拠ある一瞬」の積み重ねが効率を生む

岩手県立盛岡第三高校　伊藤 崇 監督

PROFILE

伊藤 崇 監督

1981年6月1日生まれ。岩手県出身。岩手県立水沢高校・日本体育大。保健体育科教諭。水沢高では捕手としてプレー。日本体育大時代は自ら各地の高校へ出向き、名将と呼ばれる指導者たちから野球を学んだ。卒業後、2004年には保健体育科の講師として盛岡一高でコーチを務める。2005年から教諭となり、盛岡商業、福岡高校浄法寺校で監督を歴任。2014年に赴任した一関一高では部長を経て、同秋から監督を務めた。2023年4月に盛岡三高に着任。同春の東北大会ベスト4、同夏の岩手大会準優勝に導いた。

『私たちは伝説になる』というゴールから逆算する

岩手県立盛岡第三高校では授業が7限目まであるため、野球部の練習は17時から始まります。19時には完全下校ですので、練習時間は2時間しかありません。

短時間の練習で打撃、守備、走塁のすべてを均等に網羅するのは難しい。その日にやるべき課題を絞り、目的を明確にしなければなりません。「今日はコレをやろう」「アレもやろう」というその場からの足し算をするのではなく、ゴールから逆算しながら、引き算をして「今、何をすべきか」を選択しています。

配球では、「次の1球に何を投げるか」と考えるよりも、「最終的にこの打者をどうやって打ち取るか」から逆算して組み立てるのが大事ですよね？　それと同じ考え方です。ゴールでどうなっているかが肝心です。着地点としてチームの理想像を掲げたうえで、そこに到達するにはどうすればいいか。それには今、何をすべきかを選択する。この考え方は野球に限らず、人生において大切なのではないでしょうか。

グラウンドの右翼後方にはゴールまでの残りの日数が掲げられている

２０２３年のチームは『私たちは伝説になる』をテーマに掲げています。岩手県の公立高は29年間、盛岡三高は34年間、夏の甲子園から遠ざかっています。夏の岩手大会でこの空白を埋める。一試合一試合、見ている人を魅了する。そんな意味も込めて、「伝説になる」という言葉を使いました。すべては、そこからの逆算です。

グラウンドには「初戦まで〇日」に加え、「決勝まで〇日」とゴールまでの日数を掲示しています。これには「初戦から先、大会に入ってからも成長する」という意味も込めています。

「何を選択するか」をすり合わせる

私が盛岡三高に赴任してきたのは、2023年の4月。それまでは打撃重視のチームでした。練習時間のほとんどがフリーバッティング。とにかく打球を遠くへ飛ばそうとフルスイングしていました。

冬場のトレーニングの成果もあって、ベースとしてバットを振る力はあります。「伝説になる」というゴールから逆算して、細かい野球を加えれば確率は高まると考えました。

ただ、私が「今日からこうするぞ」と指示したわけではありません。私の考えを提案として伝えて、生徒たちの考え方とのすり合わせをしました。

「走塁も練習して磨けば、武器になるんじゃないか」「守備も練習して、失策やミスを減らせば、勝つ確率が高まるんじゃないか」。私が提案すると、生徒たちが「いいですね」と乗ってきた。私にやらされるのではなく、自分たちで「じゃあ、こうしましょう。

これもやりましょう」と考えて、主体的に取り組むようになりました。

以前は、投手も野手と同じメニューで練習していました。私が「野球では投手が大事だよね？　2時間しかない中でみんなと同じようにやるよりも、投手は自分の目的や課題に特化して、投手としての練習を長くしたほうが着地点に近づけるんじゃないか？」と問いかけ、すり合わせた結果、別メニューで練習するようになりました。

もともとバットを振る力があった打撃では、「強く、低く、速い打球」を打つ意識を高めました。これも、ゴールから逆算して導き出した選択です。相手のレベルが上がれば上がるほど、守備力は高くなります。打球速度が遅いゴロやフライは、アウトです。ヒットになる確率を上げるには、打球速度の速さがカギ。速い打球が低い角度で飛べば、相手の守備陣を抜けていきます。練習でも試合でも、ただ遠くへ飛ばそうとするのではなく、常に「強く、低く、速い打球」を打つことを意識するようになりました。

「プレス走塁」と「プレスディフェンス」が強み

ベースとしてあった打力に、走塁と守備をプラスする。生徒たちには「プレス走塁と、プレスディフェンスを自分たちのセールスポイントにしていこう」と話しました。「プレス」とは、相手にプレッシャーをかけるという意味。いわば攻撃型の走塁、攻撃型の守備です。

プレス走塁では、どうすれば相手にプレッシャーがかけられるか。グラウンド上での座学の形で具体的に示して、まずは理解させたうえで、実戦でもできるように練習を重ねていきました。走塁だけの練習をすることもあれば、シート打撃に走塁を絡めたり、ウォーミングアップのダッシュで実戦を想定しながら走ったりして、走塁を磨きました。

プレスディフェンスでは、極端なポジショニングをとり、相手がより嫌がるところを守ってプレッシャーをかけています。

これには、根拠となるデータはもちろん、「気づく」「感じる」「判断する」の3つの

【ケースノック】「ノーアウト一、二塁」など状況を設定。さらに打者の特長も「左バッターで、引っ張り」「右バッターで、バットを短く持っている」と細かく想定している

力が重要です。

データをもとにしてポジショニングをとりますが、相手の打者が実際に打席に立った時点で、構えや1球目に対する反応などの情報が得られます。データと、実際の情報をいち早くすり合わせなければなりません。

たとえば、構えた時に「クローズドスタンスで立っている」と気づく。スイングを見て「右へ打とうとしているな」と感じる。そして、その気づいたこと、感じたことについて仲間とコミュニケーションを取りながら、素早く判断してポジショニングを動かします。

いいチームは、1打席1打席、1球1球で狙いや打ち方を変えてきます。その変化を、いち早く察知しなければなりません。

たとえば、フルスイングしていた選手が、2ストライクに追い込まれた後、バットを短く持った。それにいち早く気づけるかどうか。その「気づく力」「感じる力」「判断する力」は日ごろの練習から磨いていないと、本番で発揮できません。

ベンチからポジショニングのサインを出すこともあります。ただし、選手自身が「今、なぜそのサインが出るのか」がわかっているのが前提です。サインによる指示を待っている状態では、投球間のほんのわずかな時間では対応できません。自分たちで気づき、感じて、判断しているからこそ、サインが出た瞬間に「やっぱり、そうだよね」と、サッと動けるのです。

2023年の東北大会では9年ぶりにベスト4に入りましたが、この「プレス走塁」「プレスディフェンス」「強く、低く、速い打球」が原動力になりました。

「プレスディフェンス」のデメリットは考えない

プレスディフェンスでは、極端な守備位置をとります。たとえば、左打者が初球を空振りしたとします。「今のバットの軌道からすると、ウチの投手に対して一、二塁間へのゴロはこない」と判断したら、仲間同士で声を掛け合い、一、二塁間を思い切って空けて左方向を固めます。

そのシフトが裏目に出ることもありますが、そのデメリットは考えません。

野球は確率のスポーツ。「こっちに打球がくる」という根拠があって、そこを守っているわけです。そこに飛んでくる確率が9割だとしたら、シフトが裏目に出る確率は1割。結果として1割の方に打球が飛んだら、それはアクシデントのようなもの。しかたがないと、割り切っています。

シフトを見て、空いているところを狙ってくる打者もいます。でも、それは彼本来の打撃ではありません。それが「プレッシャーがかかっている」ということです。さらに言えば、「シフトの逆をつこうとしているな」と察知した時点で、さらにポジショニングを考えればいいだけです。

このような「考える野球」をするための教材は、試合です。練習試合では、私はベンチで相手の打者を見ながら「このスイングだったら、こういう打球しか飛ばないよね」などとつぶやいています。故・野村克也監督がヤクルト時代にベンチで古田敦也捕手にした教育には及びませんが、やはり実戦に勝る教材はありません。

2023年春の大会では、盛岡地区大会の1回戦から岩手大会を経て、東北大会準決勝の仙台育英（宮城）まで計11試合を経験できました。これが大きな教材になったと実感しています。

チームは一つひとつ階段を上がっていきました。仙台育英戦では、私はほとんど指示を出していません。それほど、自分たちで考えて動けるようになっていたのです。

仙台育英戦では0対3で敗れましたが、大会中に教材からの学びを、乾いたスポンジのように吸収して、課題を修正しながら成長した。そんな実感がありました。

仙台育英戦「0対3」の裏側

2023年春の東北大会の準決勝で仙台育英高と互角に戦えたのは、データと実際の情報のすり合わせができたことが要因です。

記録員としてベンチに入った古舘翼（3年）を中心に、データ班が仙台育英を分析して、研究してくれました。

データ収集といっても、特別な情報を集めているわけではありません。今の時代はインターネット上に速報や試合結果、スコアブックが出ますので、そこから打者の特徴や打球の傾向などをまとめたものです。

準々決勝の日大山形戦から中1日での試合だったのですが、実はそこに学校の中間考査がありました。そんななか、古舘は夜中の2時、3時までデータをまとめてくれていました。私も仙台育英のセンバツでの試合の映像を何度も何度も見ていたので、データ班がまとめてくれたたデータとすり合わせをしました。

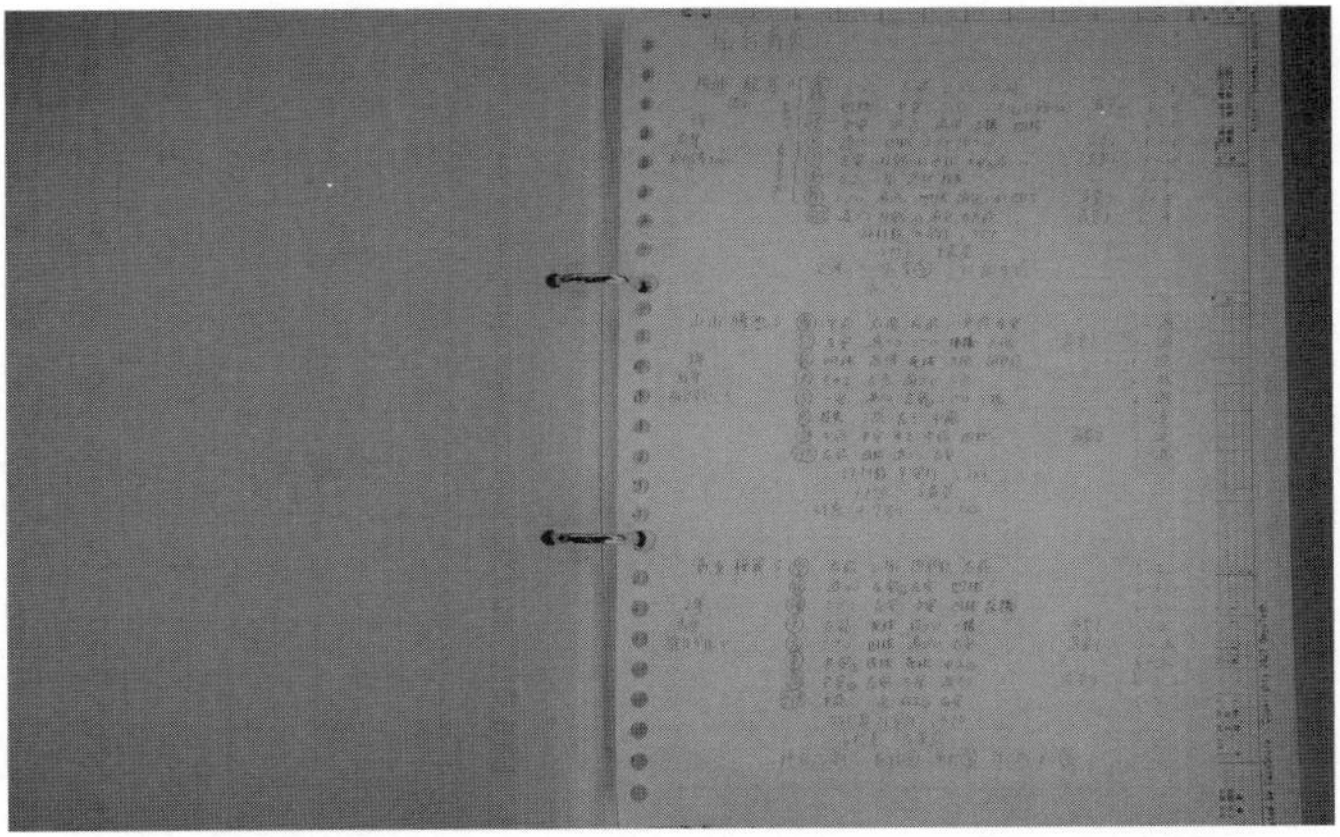

古舘翼君が対戦相手のデータをまとめたノート。過去の試合の結果から打者ごとに一目でわかるようになっている

　さらに、試合が始まってから相手の打線がウチのエース・藤枝歳三（2年）をどう攻略しようとしているのか、実際の情報とすり合わせて選手たちと共有しました。

　藤枝は140キロ台前半の直球と変化球の制球がいい投手。仙台育英の各打者はクローズドスタンスに構え、外角球をおっつけるように打ってきた。そこで、その打ち方で飛んでくるところにポジショニングをとりました。それが功を奏して、藤枝は7回まで投げて仙台育英打線を3失点に抑えることができたのです。

　敗れはしましたが、チームの一人ひとりが日ごろから取り組んでいる成果は出せたと思います。選手たちも自分たちの成長を感じて、ますます野球がおもしろくなったようでした。

「根拠ある一瞬」を積み重ねる

2時間の練習で成果を出すには、「量」より「質」。その前提として必要なのは、集中力です。幸いなことに、盛岡三高の生徒には入学した時点でその資質が備わっています。集中して勉強していないと、この学校に合格するのは難しい。さらに、学校の授業は1コマ50分で、7限目まであります。野球だけではなく、日常の学校生活や自宅での学習で集中力が磨かれていく。そういう生徒たちが大好きな野球をやっているので、当たり前のように集中力が発揮できる。そこは私たちの強みです。

練習では、時間を意識しています。たとえば、何か課題をクリアしようとする時、できるまでダラダラと繰り返すのではなく、10分なら10分と時間を区切っています。

時間がいくらでもあると考えるのではなく、限られた時間内にクリアしようとするこ

タイマーで時間を管理する

とで集中力が上がり、ムダも省けるので、効率が高まります。

集中力と時間の意識に加えて、私が常に選手たちに言っているのは、「根拠ある一瞬の積み重ね」です。

「なぜ、今この練習をしているのか」と問われた時、そこにエビデンス（根拠）があるか。「自分のゴールはこうです。だから今、これをやっています」とハッキリ言えるのが「根拠がある」ということです。たとえば、打撃練習でケージに入る際に、ただバットを振るのと、自分でテーマを決めて打つのとでは、まったく質が異なります。そのテーマは一人ひとりの中にある。みんなが同じではありません。根拠をもって取り組めば練習の質が上がり、ゴールへ向かった成長につながります。

6月末に岩手大会の組み合わせが決まった頃からは、ベンチ入りメンバー中心に練習することになります。7月上旬には、夏の大会へ向けて「伝説をつくる作戦会議『練習におけるエビデンス（根拠）明確化』」と題した資料を作成しました。エンドランやバスターエンドラン、バントシフトやピックオフプレーを含めたバント処理など、「これにフォーカスしよう」という項目を明確にして、選手たちと共有。チームの課題をつぶしていきました。

バントシフトは、それまでにやったことがありませんでした。夏の大会では、強豪私学は当たり前のようにやってきます。攻撃と守備は表裏一体。守備側として練習しておけば、攻撃時にも相手のシフトに対応できます。そこで「今、やろう」という選択をしました。

バントシフトの練習は、選手たちがミスを繰り返しながら、試行錯誤して取り組んでいました。こちらが「こうやってやれ」と答えを与えたほうが、短時間で練習できたかもしれません。でも、時間をかけてでも自分たちで考えてやった方が本番での怖さがわかると思い、じっと見守りました。

自己評価も他者評価もできる選手を増やす

根拠を持つには、目標達成度の自己分析が不可欠です。目標を立て、そこに向かって練習して、その達成度を評価する。目標に達していない場合は、課題を見つけて改善する。つまり『ＰＤＣＡサイクル』を回すということです。

目標の基準が数値であれば、自分で評価しやすいでしょう。ただ、数値で表しにくいものもあります。

たとえば、投球フォーム。課題があるかどうか、改善できているかどうかは実際の動作や映像で評価するしかありません。

マネジャーがスマートフォンで動画を撮影して、選手に送ります。選手は自分で動画をチェックして、自己評価する。もし課題がクリアできていなかったら、「次はこの練

マネジャーが撮影した動画をチェックして、投球フォームを自己評価する

習をしよう」と考えて、また練習します。

自己評価だけではなく、他者評価によるフィードバックも大事です。私が評価してフィードバックすることもありますが、それだけでは〝目〟が足りません。

どうすれば、チーム内に自己評価も他者評価もできる目を増やせるか。言い換えると、指導者の役割ができる選手を増やせるか。

目が増えたとしても、人によって異なる物差しでの評価になってはいけません。そこで、私は見るべき視点や基準となる考え方、いわば「野球学」や「野球の原理・原則」を選手たちに伝えています。

打撃、走塁、投球、守備には、いろいろな考え方やフォームがあります。そのなかにも、原理・原則はあるはず。それを共通認識として持っておけば、チーム内に〝指導者〟が増えて、基準に対して「足りている」「足りていない」という自己評価、他者評価ができるようになります。

例を挙げると、打撃では投球の軌道に対して、バットがどのような軌道で入れば芯でとらえて打つ確率が上がるのか。自分に対して真っすぐに飛んでくる球を、手で捕る場合を考えてみましょう。球のラインに対して、上から手を出して捕ろうとする人も、下から手を出して捕ろうとする人もいないはず。真っすぐに手を入れて捕るでしょう。バッティングも同じ。投球のラインにバットを入れるようにして打つ方が、芯に当たる確率が高まります。

こうした野球に関する理解力は、必ずしも学力と比例するものではありません。学問にしろ野球にしろ、どれだけ好きで、どれだけ探究するかが理解力につながるのではないでしょうか。

盛岡三高では野球の原理・原則を知り、評価できる目を持った選手たちが、日ごろの

シート打撃を終え、プレーを検証する選手たち。「エンドランでゴロを打とうとして、手打ちになっている」などと、お互いに指摘し合っている

練習からお互いを評価し合っています。それが、試合での「気づくこと」「感じること」「判断すること」の力を養うことにもつながっています。こうして〝指導者〟を増やすことで、効率を上げるという課題も解決できる。短時間の練習でもゴールに近づいていけます。

チーム全体の課題と、個々の課題を分ける

日々の練習メニューは、主将の「これをやりたい」という提案と、私の考えをすり合わせて決めています。たとえば打撃を中心に練習する選択をしたら、チームを2班

打撃練習でも一人ひとりが根拠ある1球を積み重ねていく

に分け、打撃練習とトレーニングを40分交代でおこなうといった形で練習しています。

全員が同じ練習をしているように見えても、実は一人ひとりが個人のテーマをもって臨んでいる場合もあります。

たとえば、打撃練習では3ヵ所のケージのうち、「左のケージでは、ノーアウト二塁を想定して入ろう」「真ん中は2ストライクからの設定で入ろう」と条件をつけることもありますが、個人個人で課題は異なるはず。その条件では自分の課題をクリアするための練習にならない選手も出てくるかもしれません。

そこで、時期によってはこちらで条件を

1日練習の最後の15分間で個人の課題を克服する。ロングティーを打つ選手、ノックを受ける選手など、それぞれが根拠ある15分を過ごしている

設定せずに、各自に任せています。外から見たらただのフリーバッティングにしか見えないと思いますが、各自が頭の中で「自分はエンドランで確実にゴロを打つ練習をしよう」「自分は二死二塁、一打同点の場面を想定して、自分にプレッシャーをかけて打とう」と、課題を想定しながら打ちます。

チーム全体で同じ目的を果たす練習だけだと個の課題が達成されない場合があります。そこで、個々の課題を解決するために、1日練習の終わりの15分は、個人の課題をクリアするための自主練習の時間にしています。練習では「ここは全員でやろう」

【シートバッティング】サインは打者が出す。設定したアウトカウントと走者の状況に応じて、「この場面なら、自分にはこのサインが出る確率が高い」と判断して、根拠のあるサインを出している

「ここは個に任せよう」と分けるのが大事です。

チームにはベンチ外の選手もいます。夏の大会が近づくと、彼らには彼らの「チームのための根拠ある一瞬」があるはずです。ある選手はデータをまとめる。ある選手は応援練習の段取りをする。1、2年生の場合は夏の大会のサポートだけではなく、秋の大会への準備もあるでしょう。いずれにしても、一人ひとりが常に「目標から逆算すると、自分の課題はこれ。だから今、これをやる」と、根拠が明確になっていることが大事です。

それぞれの色で、大きな円を作れ

現在の盛岡三高には、個の力があり、それぞれの色を持った選手が揃っています。私は、彼らの個性をつぶさないように心がけています。

原理・原則はあっても、それがその選手にとっての正解とは限りません。こだわらないことが肝要です。「こんな考え方もあるよ」「この方法のほうが合う人もいるよ」といろいろなパターンを教えています。その中からどれを選択するかは、指導者ではなく、選手の判断です。

いろいろなパターンを検証しながら、自分にとって一番いい方法を探究して、見つけてほしい。指導者が正解を決めつけないことで、選手たちの中から新たなパターンが生まれるかもしれません。その可能性の芽を摘まないようにしたいと思っています。

そうすれば、それぞれの色が出ます。それが、どんな色であってもいい。「伝説になる」という明確な目標に向かっていけば、最終的にチームとして一致していきます。

たとえば、相手打線が一番から九番まで同じフォームで、同じように打ってきたら、あまり怖さは感じないでしょう？　正解を決めつけず、一番から九番までさまざまな色があったほうが、相手チームに対する怖さになると思います。

個性をつぶすというのは、正方形の角を削って丸くするようなものです。小さな円にしかなりません。正方形からいろいろな角を出していくと、やがて円になります。そうやってできた円は、正方形の角を削ってできた円よりも大きくなります。だから、私は「それぞれの色でいい。個性を出せ。それが強みになるよ」と言っています。

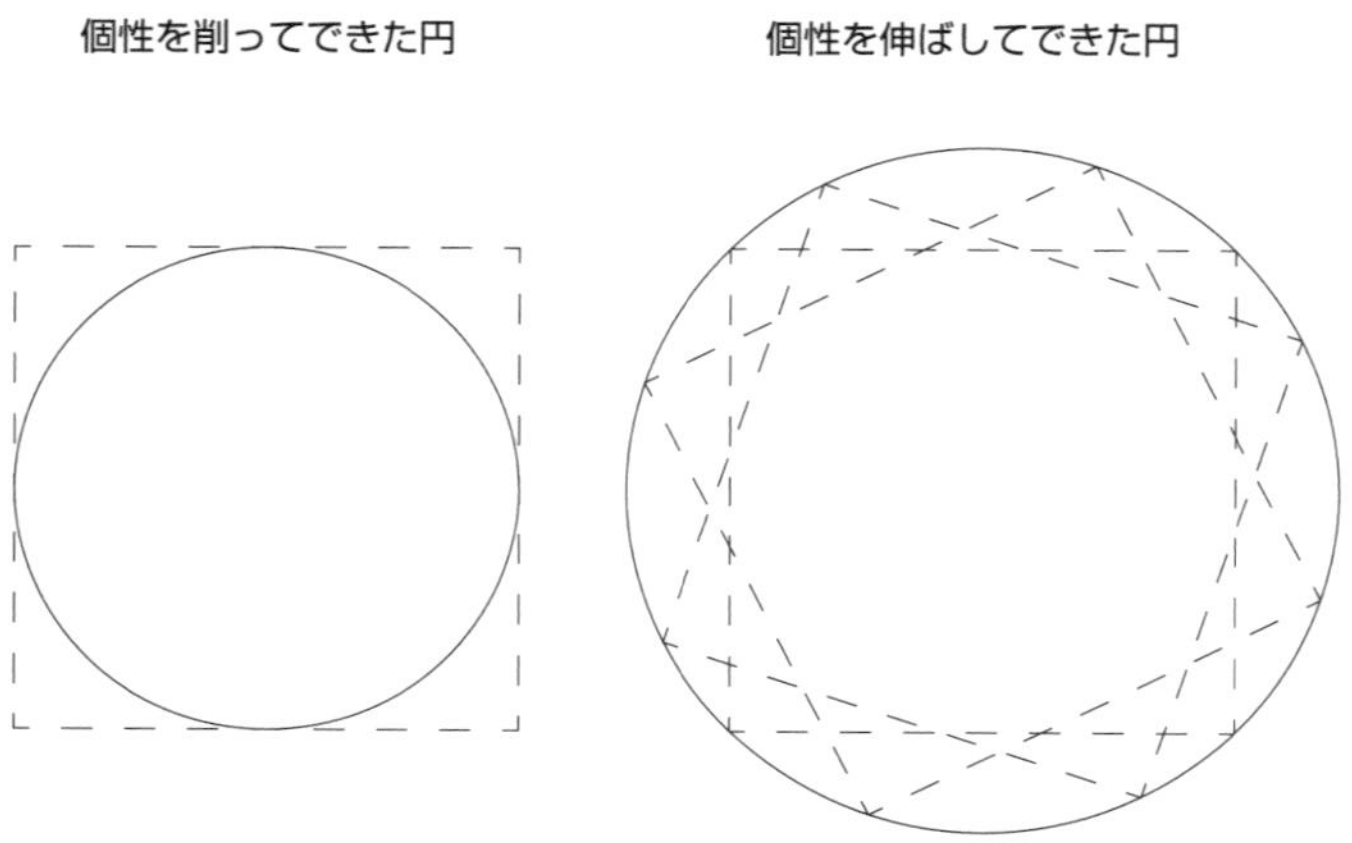

角をどんどん出せば、大きな円になる

長所をどんどん伸ばす。そのうえで、自分が課題だと感じた点を自分でクリアしていけば、生徒たちの中に前向きに自分を伸ばそうとする意欲が湧き出てきます。短所を消すために指導者が頭ごなしに「こうしろ」と決めつけるのは、長所を削り、やる気を削ぐことになるのではないでしょうか。

「時間を捨てる勇気」をもつ

2時間で効率よく練習するのに一番大切なのは、「捨てる勇気」です。何を捨てるかは、ゴールから逆算して、その日によって変わります。

練習を止めて集合して、プレーを検証する

今日は、トレーニングを捨てる。今日は、キャッチボールを捨てる。今日、必要かどうかを考えて、捨てられるものは捨てています。

思い切って「時間」を捨てる勇気も必要でしょう。たとえば、実戦形式の練習中にプレーを止め、集合をかけてディスカッションする。「今のプレーは、こうした方がよかった」ということがあれば、それを共通認識にしていきます。時間としてはロスになりますが、ゴールから逆算して結果につながれば、その時間はプラスに変えられます。

私は選手の話をよく聴くようにしていま

練習中に選手と対話する伊藤監督

す。「聴く」という字には、「耳」と「心」が入っています。「傾聴」とは、耳と心を傾けて聴くことだと考えています。傾聴したうえでその選手の考えを大事にして、適したアドバイスをしますが、それは「こうしろ」という指示ではありません。あくまでも自分で考えて、選択するように促しています。

傾聴には時間がかかります。時間の短縮だけを考えると、「あれをやれ」「こうしろ」とトップダウンで指示した方が早い。でも、それは「今」の時間が省けるだけです。

言われて気づくのと自分たちで気づくの

では、価値がまったく違います。言いすぎると、「指示待ち」になる。試合では、やたらとベンチを見るようになります。そうすると、気づく力、感じる力、判断する力が育ちません。

野球はとっさの状況判断や声掛けが勝敗を左右するスポーツです。たとえば、走者二塁で、レフト前にヒットを打たれた。投手は、本塁のバックアップに走ります。レフトからのバックホーム。本塁上ではクロスプレーになりそうですが、送球はハーフバウンドになりそうだ。この瞬間、投手が捕手に「勝負しろ！」と声を掛けてあげれば、捕手は「ピッチャーがカバーにいるから、止めにいかずにタッチしにいこう」と判断できます。

試合では、ベンチからの指示ではできないことがたくさんある。ゴールから逆算したら、こちらが指示するより、時間がかかっても自分たちで考えた方がプラスになります。

時間がかかるということは、言ってみれば「時間の短縮を捨てる」ことになりますが、「捨てる」とはいっても、ムダだからではなく、根拠があって捨てているのです。

これは野球に限った話ではありませんが、今の選択がよかったのかどうか、その答えが出るのは数年後ということが多いのではないでしょうか。その時、その場の「正解らしきもの」よりも、のちに振り返った時に「あの時があって、よかったな」と思える「人生の正解」であればいいと思っています。

2023年夏の岩手大会は、2回戦から準々決勝まで3試合連続でコールド勝ち。準決勝までの4試合で、失点はわずか1という戦いぶりを見せ、12年ぶりに決勝までコマを進めました。決勝戦で花巻東高に0対10で敗れ、34年ぶりの甲子園出場はなりませんでしたが、やりきった形での準優勝でした。生徒たちは胸を張って「伝説になった」と言ってもいいと思っています。

岩手県立
盛岡第三高校

部員数:50名(うちマネジャー4名)
グラウンド:両翼90メートル。左翼後方はサッカー部と陸上部、右翼後方はハンドボール部が使用)
平日の練習時間:17時から19時
主な戦績:1973年夏、1989年夏の甲子園出場。2022年夏は岩手大会ベスト8。2023年春は岩手大会で3位となり、9年ぶりに出場した東北大会では4強入り。同夏の岩手大会では準優勝を果たした。

おわりに

なぜ、短時間の練習で成果が出せるのか。本書で紹介した名将たちの答えには、共通するキーワードがある。

それは、「捨てる勇気」だ。

アレもコレもやろうとするのを捨てて、何か1つに絞る。この過程で、自分たちにとって本当に必要なものは何か、一番大切なものは何かという「本質」が見つかるはずだ。

6校の取材を通して、監督たちが「今は、こうしている」と話したことが印象に残った。言い換えると、「以前とはやり方を変えている」、「今後も同じやり方を続けるとは限らない」ということだ。

これは、指導者として学び続けていることを示唆している。よりよい答えを追求するための時間や手間は、「短縮」も「省略」もしない。

指導に近道はないのだと、あらためて感じた。

巻末になってしまったが、この場を借りて6校の監督をはじめ学校関係者のみなさまにお礼を申し上げたい。各校には夏の大会前の貴重な時間を割いて、取材にご協力いただいた。本来なら、集合写真を1枚撮る時間も惜しかったはずだ。おかげさまで、「時短・効率」の考え方やノウハウが詰まった一冊となった。

目標と現在地を明確にして、課題をクリアするために練習する。

長所を伸ばして、個性を育む。

トップダウンで指示・命令するのではなく、ボトムアップで主体性を育てる。

本書で紹介した「時短・効率」の考え方は、野球はもちろんのこと、勉強や人生にも通じるものばかりである。読んでくださった方々の成果につながり、「野球だけじゃない」と言える高校球児が増えることを心から願っている。

練習《れんしゅう》のムダをなくす高校《こうこう》野球《やきゅう》「時短《じたん》・効率《こうりつ》」革命《かくめい》

2023年8月31日　第1版第1刷発行

編集　ベースボール・マガジン社
発行人　池田哲雄
発行所　株式会社ベースボール・マガジン社
〒103-8482
東京都中央区日本橋浜町2-61-9　TIE浜町ビル
電話　03-5643-3930（販売部）
　　　03-5643-3885（出版部）
振替口座 00180-6-46620
https://www.bbm-japan.com/

印刷・製本　大日本印刷株式会社

Printed in Japan
ISBN 978-4-583-11633-4　C2075